Astrid Schulte

DAS FEUER BUCH

Alles rund ums Feuermachen

Mit Feuerstarter-Set

KOSMOS

INHALT

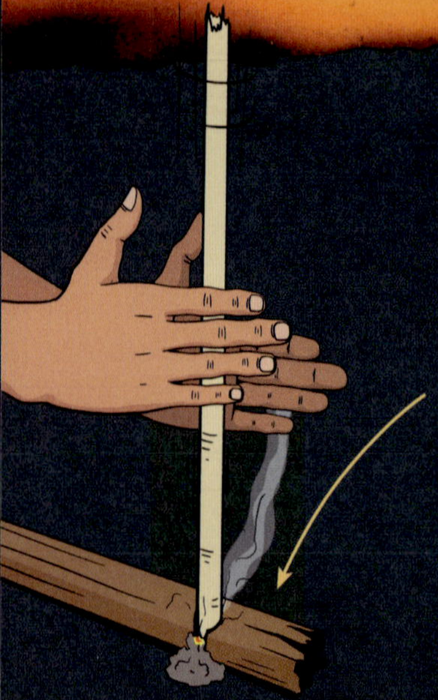

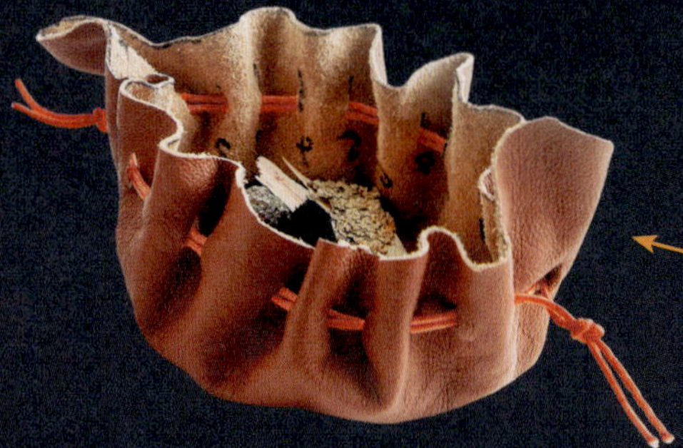

FEUER WÄRMT, IST HELL UND MACHT SATT.

Das wussten schon unsere Vorfahren vor fast 2 Millionen Jahren. Es dauerte aber noch sehr lange, bis sie herausfanden, wie man es selbst entzündet. Das unterscheidet den Menschen übrigens vom Tier: Kein Tier kann Feuer machen. Oder fällt dir eins ein?

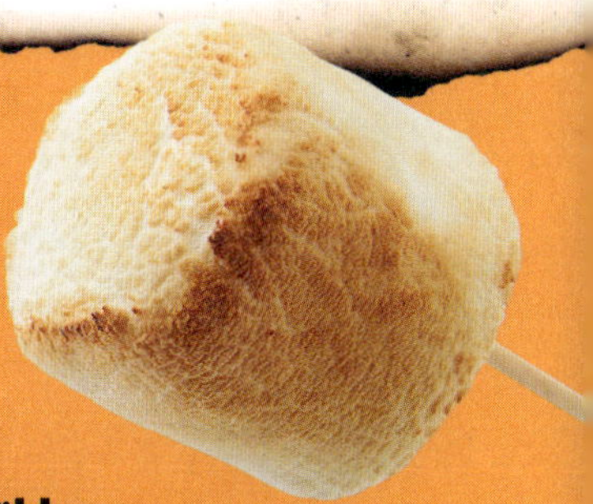

FEUER-GESCHICHTE(N)

Mit Freunden am knisternden Lagerfeuer sitzen, sich Gruselgeschichten erzählen und dabei selbst gegrillte Marshmallows verspeisen – was gibt es Besseres? So machten es die Menschen schon in der Steinzeit. Natürlich nicht mit Marshmallows, sondern mit dem, was sie am Tag erjagt oder gesammelt hatten. Erst mit der Entdeckung des Feuers entwickelte sich der *Homo sapiens*, der »wissende Mensch«. Aber wie kam es dazu?

AM ANFANG WAR DER BLITZ. Die älteste nachweisbare Feuerstelle fanden Forscher in einer Höhle in Südafrika: Schon vor etwa 1 Million Jahren wurden dort Tiere und Pflanzen bearbeitet. Vermutlich waren es Blitzeinschläge, die in der afrikanischen Savanne Brände auslösten und dem Urmenschen *Homo erectus* das Feuer bescherten. Unsere Vorfahren fanden schnell heraus, dass das Feuer Licht und Wärme sowie Schutz vor wilden Tieren bot. Noch wichtiger: Es machte Nahrung viel besser verdaulich. So war der Körper weniger mit der Verdauung beschäftigt und konnte mehr Energie in die Entwicklung des Gehirns stecken.

DIE ERFINDUNG DES FEUERZEUGS. Anfangs konnten unsere Vorfahren das Feuer nur nutzen, wenn sie ein Wildfeuer mit Fackeln weitertrugen. Irgendwann fanden sie heraus, dass Reibung Hitze erzeugt, und entwickelten die Methode des Feuerbohrens. Vor rund 35.000 Jahren erfanden Steinzeitmenschen das Feuerschlagen: Sie schlugen Feuersteine und Schwefelkies aneinander – dabei entstanden heiße Funken. Mit Beginn der Eisenzeit vor etwa 2.500 Jahren wurden Funken mit einem Feuerstein und einem Schlageisen erzeugt. Erst vor 120 Jahren wurde der Feuerstahl erfunden, der diesem Buch beiliegt – und der auch in modernen Feuerzeugen steckt.

In diesem Buch lernst du verschiedene Methoden des Feuermachens kennen. Du brauchst weder Streichhölzer noch Grillanzünder – die Natur bietet den besten Zunder!

Wie der Feuerstarter funktioniert, erfährst du auf S. 20.

INFOS FÜR DIE GROSSEN

Ein Lagerfeuer machen ... davon träumen Kinder! Natürlich, denn ein Feuer zu entfachen, ist abenteuerlich, ein Stück wilde Kindheit – so wie im Freien zu übernachten, barfuß durch ein Bachbett zu laufen, auf Bäume zu klettern oder mit dem Taschenmesser zu schnitzen.

Feuer ist archaisch – auch für uns Erwachsene. Es wärmt, nährt, bildet und verbindet. Sie kennen sicher den Spruch: *Messer, Gabel, Schere, Licht sind für kleine Kinder nicht.* Ich halte dagegen: *Was Hänschen nicht lernt, lernt Hans nimmermehr.* Unterstützen Sie Ihren Nachwuchs darin, alles über Feuer zu erfahren: Wie es entsteht, wie es wächst und gelöscht wird, welche Gefahren damit verbunden sind. Was Kinder selbst erfahren, verstehen sie besser. Sie lernen, Situationen besser einzuschätzen und achtsamer zu sein. Beachten Sie aber folgende Hinweise:

1. Machen Sie Feuer bitte nur an ausgewiesenen Plätzen oder im eigenen Garten und halten Sie mindestens 50 m Abstand zu Bäumen, besser 100 m. Für ein Feuer im Garten können Sie eine Feuerschale nutzen – oder Sie präparieren den Boden mit Steinen, damit die Grasnarbe nicht verbrennt.

2. Halten Sie Löschwasser in Reichweite. Um ein Feuer zu löschen, besprenkeln Sie es gleichmäßig mit Wasser – das geht am besten mit einer Gießkanne. Wenn Sie an einer Natur-Feuerstelle grillen, bringen Sie bitte mindestens 3 Liter Wasser mit.

3. Achten Sie immer auf den Wind. Bei starkem Wind sollten Sie auf ein Feuer verzichten. Zu groß ist die Gefahr durch Funkenflug. Ein leichter Wind ist dagegen nützlich, um dem Feuer die Kraft zum Wachsen zu geben. Machen Sie das Feuer immer nur so groß, wie der Zweck es erfordert und Sie es kontrollieren können.

4. Nutzen Sie natürliches Brennmaterial, keinen Spiritus oder Benzin. Sie benötigen auch keinen Grillanzünder. Ein Feuer auf natürliche Weise zu entfachen, macht sehr viel Spaß, ist pures Abenteuer und stärkt das Selbstbewusstsein. Diesem Buch liegt ein Feuerstahl bei, den man auch Feuerstarter nennt. Schabt man mit dem beiliegenden Eisenplättchen darüber, entstehen heiße Funken, mit denen ein Feuer entfacht werden kann. Auch die stumpfe Klingenseite eines Taschenmessers eignet sich dafür. Ich empfehle ein Opinel, da bei diesem Messer die Klinge arretierbar ist. Probieren Sie es draußen aus. Zeigen Sie Ihrem Sprössling, wo und wie man Feuer macht. Ein Feuer sollte immer im Beisein eines Erwachsenen angezündet werden.

5. Noch ein Tipp: Tragen Sie am Lagerfeuer Baumwollkleidung. Teure Synthetikjacken und -hosen fangen leicht Funken, die schnell Löcher in die Kleidung brennen.

Mehr Infos zum beiliegenden Feuerstarter auf S. 20.

VERHALTEN IM WALD

Stefanie Knorpp ist Forstrevierleiterin in Herrenberg am Schönbuch, dem kleinsten Naturpark Deutschlands.

Feuer ist der Feind des Waldes. Deshalb gelten auch an ausgewiesenen Grillplätzen feste Regeln. Die Försterin Stefanie Knorpp erklärt sie:

» Liebe Eltern und Kinder,

Kinder zündeln sehr gern, vor allem mit Stockspitzen in der Feuerglut. Mit diesen brennenden und glühenden Ästen durch den Wald zu laufen, ist gefährlich! Natürlich zuerst für alle, die mit euch an der Feuerstelle stehen. Denn der glühende Ast brennt sich in Jacken und die darunterliegende Haut und verursacht schmerzhafte Brandwunden. Auch für den Wald kann das ganz schön gefährlich werden, weil dort trockenes Holz liegt, das sofort Feuer fängt. Vor allem in einem Wald mit vielen Nadelbäumen. Die Gefahren und Auswirkungen eines unkontrollierten Feuers sind verheerend: Das Feuer vernichtet Bäume und gespeicherte Energie. Es setzt gebundenes Kohlendioxid frei, bedroht Tiere und Pflanzen und raubt ihnen die Nahrung oder ihren gesamten Lebensraum. Und natürlich seid auch ihr in Gefahr. Ein Wald kann zu brennen anfangen, wenn ein starker Wind das Feuer durch fliegende Funken unkontrollierbar macht. Macht daher NIE bei Sturm und starkem Wind ein Feuer.

Wenn ich von meiner täglichen Walderkundungstour zurückkehre, habe ich immer einen Sack voller Flaschen gesammelt, die im Wald zurückgelassen wurden. Wenn Sonnenstrahlen über Stunden hinweg durch Glasscherben, Dosen, Alufolie oder Flaschen gebündelt werden, entsteht Feuer wie von Geisterhand – durch Selbstentzündung. Daher meine Bitte: Nehmt euren Müll wieder mit.

Ich habe übrigens nichts dagegen, wenn du trockenes Feuerholz sammelst. In Deutschland gibt es schon seit hunderten von Jahren das »Leserecht«. Das heißt: Für den eigenen Gebrauch darfst du im Staats- oder Gemeindewald zu Boden gefallene Äste auflesen, die dünner als 10 cm sind – etwa so viele, wie du unterm Arm tragen kannst.

Besuch doch mal den Schönbuch mit seinen vielen schön gelegenen Grillstellen. Vielleicht begegnen wir uns in meinem Revier.

Ungefähr hier liegt der Naturpark Schönbuch in Baden-Württemberg.

GRILLPLÄTZE FINDEN

Schon der kleinste Funke kann einen Waldbrand auslösen – vor allem in den heißen Sommermonaten. Deshalb ist das wilde Feuermachen im Wald grundsätzlich verboten. In vielen Naturparks gibt es offizielle Grillplätze, an denen du ein Feuer entfachen darfst.

Wo sich in deiner Nähe Grillplätze befinden, erfährst du zum Beispiel im Rathaus. Oder du suchst im Internet danach. Gib dafür »Grillplatz« und deine Region in die Suchmaschine ein. Bitte am besten deine Eltern um Hilfe.

DAS LANDESWALDGESETZ: Je nachdem, wo du lebst, regeln unterschiedliche Gesetze, was im Wald erlaubt und verboten ist. Allein in Deutschland gibt es 16 Bundesländer und jedes hat ein eigenes Landeswaldgesetz. So ist zum Beispiel das Rauchen in einigen Bundesländern grundsätzlich zwischen dem 1. März und dem 31. Oktober verboten, in anderen nur bei erhöhter Waldbrandgefahr. In Baden-Württemberg musst du mindestens 100 m vom Waldrand entfernt sein, wenn du ein Feuer machen möchtest, in Brandenburg dagegen nur 50 m. Wenn die Waldbrandgefahr besonders hoch ist, sind auch Grillplätze im Wald gesperrt.

MIT FÖRSTER*INNEN UNTERWEGS: Weil die Regeln so unterschiedlich sind, fragst du am besten im Forstamt deiner Stadt oder Region nach. Oder ihr macht mit der Schulklasse einen Ausflug in den Wald. Dann können euch die dort zuständigen Förster*innen alles Wichtige erklären – vielleicht sogar an einem Lagerfeuer?

An manchen Grillplätzen gibt es offene Feuerstellen, an anderen sogar überdachte »Grillpilze«.

WAS TUN BEI WALDBRAND?

Wenn du einen Waldbrand bemerkst, ist schnelles und zugleich bedächtiges Handeln gefragt. Regel Nummer 1 lautet also: Keine Panik! Du weißt, was zu tun ist.

1. Ist das Feuer klein, könnt ihr versuchen, es mit Sand zu ersticken oder mit Wasser zu löschen. Ist es größer oder gar unkontrollierbar geworden, steht eure Selbstrettung an erster Stelle: **Wähle sofort den Notruf 112.**

2. Prüfe die Windrichtung: Spucke deinen Zeigefinger an und halte ihn in die Luft. Der Finger fühlt sich dort kalt an, wo er vom Wind angepustet wird.

3. Entfernt euch zügig vom Brandherd. Da sich das Feuer in Windrichtung ausbreiten wird, lauft ihr nicht in diese Richtung, sondern schlagt einen Winkel von etwa 45 Grad ein. Kommt der Wind zum Beispiel aus Süd-West, wie es bei uns häufig der Fall ist, bewegt ihr euch seitlich davon weg – nach Osten.

DER NOTRUF 112

Unter dieser Nummer erreichst du die Notrufzentrale der Feuerwehr und des Rettungsdienstes. Sie gilt in ganz Europa.

1. Gib zuerst möglichst genau an, wo du dich befindest. So kann die Zentrale schnell reagie-

2. Die Notrufzentrale wird dir Fragen stellen und dich beruhigen. Mach dir also keine Sorgen, dass du etwas falsch machen könntest.

3. Wichtig: Lege erst auf, wenn die Zentrale

FEUER BIRGT GEFAHREN

Feuer ist toll, aber auch gefährlich: Es kann außer Kontrolle geraten, weite Funken sprühen, große Brände und schmerzhafte Verbrennungen verursachen – und schwere Vergiftungen.

VERGIFTUNG: Beim Verbrennungsprozess bildet sich Kohlenmonoxid. Wenn dein Feuer gut belüftet ist, entweicht dieses Gas. Bekommt es aber zu wenig Sauerstoff, kann das Material nicht vollständig verbrennen – dann steigt die Kohlenmonoxid-Konzentration. Das Gas hat keinen Geruch, deshalb bemerkst du es erst, wenn dir übel wird und du dolle Kopfschmerzen bekommst. Rufe dann sofort 112 – eine Kohlenmonoxid-Vergiftung kann tödlich sein! Sie entsteht vor allem in geschlossenen Räumen, zum Beispiel, wenn der Abzug vom Kamin defekt ist. Aber auch am Lagerfeuer könntest du giftige Gase einatmen, wenn du im Rauch sitzt. Setze dich also nicht in die Windrichtung.

VERBRENNUNG: Ein loderndes Feuer ist extrem heiß. Zum Vergleich: Heißes Wasser aus der Dusche erreicht 50 bis 70 Grad. 1 bis 3 Sekunden unter dem heißen Wasserstrahl reichen aus, um deine Haut zu verbrühen. Ein Feuer ist mindestens zehnmal so heiß. Bei einer leichten Verbrennung ist die Haut gerötet und schmerzt – wie bei einem Sonnenbrand. Eine mittlere Verbrennung erkennst du daran, dass sich eine Brandblase bildet. Wenn sie nur klein ist, musst du dir keine Sorgen machen. Stich sie aber auf keinen Fall auf! Warte, bis sie sich von selbst öffnet oder austrocknet. Unter dem Schutz der Blasenflüssigkeit bildet sich neue Haut.

ERSTE HILFE BEI VERBRENNUNGEN

Bei einer kleinen Verbrennung, zum Beispiel am Finger, hilft sofortige Kühlung – am besten unter fließendem Wasser. Kühle nur das Körperteil, das verbrannt ist, dieses aber möglichst lange. Bist du draußen unterwegs und verbrennst dich am Lagerfeuer, hilft Spitzwegerich: Zerreibst du die Blätter zwischen den Fingern, entsteht ein heilender Pflanzensaft. Bestreiche damit die kleine Brandwunde. Bei größeren und schweren Verbrennungen rufe sofort 112.

WIE ENTSTEHT FEUER?

Feuer ist heiß und spendet Licht. Es entsteht durch einen chemischen Prozess, bei dem Brennstoff mit Sauerstoff aus der Luft reagiert. Ausgelöst wird dieser Prozess durch einen heißen Funken. Zum Feuermachen brauchst du also drei »Zutaten«:

1. **Brennmaterial:** Der beste Brennstoff ist trockenes, totes Holz. Verbrenne niemals Plastik und verwende keine *fossilen* Brennstoffe wie Gas oder Benzin. Diese Rohstoffe wurden vor langer Zeit in der Erde eingelagert und werden irgendwann aufgebraucht sein. Zudem stoßen sie bei der Verbrennung viel klimaschädliches Kohlendioxid (CO_2) aus. Auch Holz setzt beim Verbrennen CO_2 frei, aber nur so viel, wie der Baum beim Wachsen aus der Luft aufgenommen hat.

2. **Sauerstoff:** Ein Feuer braucht viel frische Luft. Hilfreich ist ein leichter – aber nicht zu starker! – Wind. Um das Feuer zu entfachen, kannst du es durch ein Blasrohr anpusten.

3. **Hohe Temperatur:** Ist das Feuer erst mal in Gang gekommen, entwickelt es eine Hitze, die Kettenreaktionen auslöst. Deshalb ist ein Feuer, das außer Kontrolle gerät, nur schwer zu löschen. Um ein Feuer zu entfachen, brauchst du einen Feuerstarter, mit dem du Funken erzeugen kannst – zum Beispiel den beiliegenden Feuerstahl. Wie das funktioniert und welche weiteren Methoden es gibt, erfährst du im Kapitel »Feuerstarter« ab S. 18.

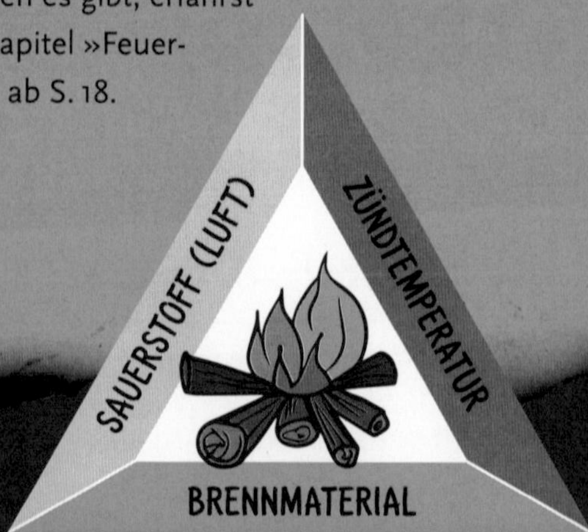

DAS FEUER-WARNDREIECK

Feuer kann sich sehr schnell ausbreiten, wenn die Voraussetzungen dafür stimmen. Der Spruch »Das brennt wie Zunder« wird dann ganz schnell Wirklichkeit. Beachte daher bei jedem Feuer das »Warndreieck«. Wenn alle drei Zutaten ausreichend vorhanden sind, entsteht ein Feuer. Für dich gut zu wissen, denn das bedeutet auch: Entziehst du eine der Zutaten, geht das Feuer aus!

WIE LÖSCHT MAN FEUER?

Ein kleines Feuer kann schnell gelöscht werden, wenn du ihm seine Bestandteile entziehst. Beachte diese drei Regeln:

1. **Feuer braucht Nahrung**, also viel brennbares Material, mit dem es gefüttert wird. Wird das Feuer zu groß, entziehe ihm sofort Brennstoff. Achte darauf, dass das Feuer auf nichts Brennbares übergreifen kann.

2. **Wasser löscht Feuer.** Das liegt nicht etwa daran, dass Wasser nicht brennt, sondern an seiner kühlenden Wirkung. Wenn Wasser auf Feuer trifft, zischt es ganz arg, denn es verwandelt sich unter Hitzeeinwirkung in Dampf. Dieser chemische Prozess erfordert wahnsinnig viel Energie, die dem Feuer entzogen wird. Gleichzeitig umhüllt der Dampf das Feuer, sodass die Sauerstoffzufuhr unterbrochen wird.

3. **Ohne Sauerstoff erlischt das Feuer.** Bei einem kleinen Feuer kannst du die Sauerstoffzufuhr unterbinden, indem du es mit Sand, Erde, feiner kalter Asche oder einer feuchten Baumwolldecke erstickst.

DIE FEUERWÄCHTER

Vor über 2.000 Jahren gründete Kaiser Augustus in Rom eine Brandwehr: die »Vigiles«, was so viel bedeutet wie die »Wächter«. Im Mittelalter waren die Dorfbewohner selbst verantwortlich für das Löschen eines Feuers. In den großen Städten wurden Lösch-Ordnungen erlassen, damit jeder wusste, wie er sich im Brandfall zu verhalten hatte. Die älteste Berufsfeuerwehr der Welt wurde 1686 in Wien gegründet, in Deutschland entstand sie 1851 in Berlin. Als erste Freiwillige Feuerwehr Deutschlands gilt die FF Meißen (1841). Deutlich älter ist die »Feuer Compagnie« der Stadt Alsey (1799), die sich aber erst 1864 [illegible]ziell zur Freiwilligen Feuerwehr ernannte.

DIE 10 FEUERREGELN

Du weißt jetzt schon sehr viel über das Feuer. Hier findest du eine Übersicht der 10 wichtigsten Feuerregeln. Diese Regeln muss jede und jeder Feuermacher*in beachten, um sich selbst, andere Menschen und die Natur zu schützen.

1. FEUER NUR DRAUßEN! Entzünde niemals ein Feuer oder Funken im Haus, im Zelt oder in anderen geschlossenen Räumen. Feuer machst du nur draußen an der frischen Luft.

2. ABSTAND HALTEN! Halte beim Feuermachen mindestens 10 m Abstand zu allem, was Funken fangen und brennen könnte, also auch zu Häusern und Zelten.

3. KEIN FEUER IM WALD! Mache niemals ein Feuer im Wald und halte den gesetzlich vorgeschriebenen Abstand zum Waldrand ein. Dieser beträgt je nach Landeswaldgesetz 50 bis 100 m.

4. GRILLSTELLEN NUTZEN: Entzünde ein Feuer nur an erlaubten Plätzen wie den offiziellen Feuer- oder Grillstellen der Gemeinden und Städte.

5. WIND BEACHTEN: Prüfe vor dem Feuermachen, aus welcher Richtung der Wind weht. Entzünde ein Feuer immer auf der Windseite. Mach kein Feuer bei starkem Wind.

6. ACHTSAM BLEIBEN: Behalte das Feuer immer im Blick. Es darf nie unbeaufsichtigt sein. Macht ihr in einer großen Gruppe Feuer, ist immer abwechselnd eine*r von euch der oder die Feuerhüter*in.

7. UNTERSTÜTZEN LASSEN: Mache ein Feuer nur im Beisein eines Erwachsenen.

8. NATÜRLICHES BRENNMATERIAL: Entzünde ein Feuer nur mit natürlichen Anzündhilfen – nie mit Benzin, Gas oder Brennspiritus. Das ist uncool, gefährlich und klimaschädlich.

9. KEIN PLASTIK! Verbrenne nur trockenes, totes Holz, das du im Wald oder Garten findest. Kunststoff und Müll kommen bei dir nicht in die Flammen – dabei entstehen giftige Gase!

10. FEUER LÖSCHEN! Ziehe die Reste auseinander und bespritze die Glut mit Wasser oder ersticke sie mit Sand. Am besten hast du immer mindestens 3 Liter Löschwasser dabei.

Bevor es nun endlich losgeht, noch eine wichtige Sache: Zum Feuermachen brauchst du viel Zeit – und Geduld.

FEUERHOLZ SAMMELN

Bevor du ein Feuer entzündest, musst du erst mal ausreichend Brennholz sammeln. Für zwei Stunden Lagerfeuer brauchst du etwa 10 kg Holz. Äste gleicher Größe können aber ein ganz unterschiedliches Gewicht haben: Hartes Holz ist schwerer als weiches, feuchtes schwerer als trockenes. Neben Brennholz brauchst du außerdem Zunder- und Nachlegeholz.

ZUNDERHOLZ besteht aus trockenen, dünnen Zweigen – maximal so dick wie dein kleiner Finger. Du brauchst etwa so viel, wie zwischen deine Hände passt.

NACHLEGEHOLZ ist etwa daumendick. Sammle so viel, wie du auf deinen Unterarmen tragen kannst.

BRENNHOLZ ist deutlich dicker – ungefähr so dick wie deine Arme oder Unterschenkel. Du brauchst davon einen Stapel, der dir fast bis zur Hüfte reicht.

1. Je trockener dein Brennholz ist, desto besser fängt es Feuer und brennt es.

2. Weiches Holz wie das der Pappel brennt schneller als hartes Eichen- oder Buchenholz.

3. Laubholz brennt intensiver und funkenfreier als Nadelholz. Das liegt daran, dass Nadelholz Harzhohlräume enthält, die beim Verbrennen knacken und Funkenregen erzeugen. Die Funken können Brennbares in der Nähe entzünden.

4. Überfüttere das Feuer nicht. Lege immer nur so viel Holz nach, wie nötig ist, um das Feuer am Brennen zu halten. So kannst du es besser kontrollieren.

5. Trockene Zapfen schlucken den Rauch, der beim Holznachlegen entsteht.

DAS RICHTIGE HOLZ

BIRKE: Birkenholz erkennst du an der weißen Rinde. Es brennt sogar in feuchtem Zustand sehr gut, entwickelt dabei aber einen dunklen Qualm. Trockenes Holz liefert eine gute Glut. Die Rinde ist ein toller Zunder, weil sie ätherische Öle enthält. Sie schützt den Baum vor Austrocknung.
Tipp: Aus der wasserdichten Birkenrinde kannst du einen Trinkbecher basteln.

HASEL: Die Hasel ist mit der Birke verwandt und bildet meist einen Strauch. Haselstöcke wachsen sehr gerade. Das Holz ist hart und brennt gut, wenn es trocken ist.
Tipp: Die geraden Äste sind perfekte Spieße. Frisches Holz eignet sich gut zum Schnitzen.

BUCHE: Die Buche ist der häufigste Laubbaum in unseren Wäldern. Wenn ein Buchenast bricht, reißt die Rinde auf – deshalb trocknet das Holz schnell aus. Das harte Buchenholz brennt sehr lange, erzeugt wenig Rauch und eine gute Glut.

Tipp: Buchenholz hinterlässt eine reine, weiße Asche, die du bedenkenlos verwenden kannst (s. Kapitel »Kohle und Asche«, S. 44).

PAPPEL: Pappeln sind mit den Linden und Weiden verwandt und haben wie diese weiches Holz. Deshalb brennt Pappelholz sehr schnell ab – es hinterlässt dabei jedoch kaum Asche.
Tipp: Pappeln verbreiten im Frühjahr Flugsamen, die sich wie Watte anfühlen. Du kannst sie sammeln und als Zunder verwenden!

KIEFER: Das trockene Holz der Kiefer brennt sehr gut, denn es ist weich und enthält brennbare Harze – es erzeugt aber auch viel Rauch und sprühende Funken.
Tipp: Absterbende Stümpfe und Äste sondern so viel Wundharz ab, dass das Holz mit Harz durchtränkt wird. Dieser sogenannte Kienspan ist ein toller Zunder.

FICHTE UND TANNE: Das Holz der Äste ist viel dichter als das Stammholz, deshalb eignet es sich gut als Brennholz – wie alle Nadelhölzer sprüht es Funken.
Tipp: Dünne Fichtenzweige sind guter Zunder, ebenso die trockenen Zapfen.

FEUER FANGEN

Wenn der Funke überspringt, kannst du ein Feuer entfachen. Aber wie erzeugst du Funken ohne Streichhölzer und Feuerzeug? Es gibt verschiedene Möglichkeiten, Hitze freizusetzen. Physik und Chemie lassen grüßen.

FEUERSTARTER: VOM BLITZ ZUM FUNKEN

Durch Blitzeinschläge lernten die Menschen einst das Feuer kennen. Es dauerte aber noch sehr lange, bis sie herausfanden, wie man es selbst entfachen kann. In diesem Kapitel erfährst du, wie du mit dem beiliegenden Feuerstahl Funken erzeugst. Und du lernst verschiedene Techniken des Feuermachens kennen, die die Menschen teilweise schon seit Jahrtausenden anwenden.

1. Feuerbohren

Reibung erzeugt Wärme – und wenn man lange genug dranbleibt, entsteht Feuer.

2. Feuerschlagen

Das Aufeinanderschlagen bestimmter »Feuersteine« erzeugt Funken.

3. Sonnenlicht bündeln

Mit einem Brennglas kannst du Sonnenstrahlen bündeln, sodass ein Brennpunkt entsteht.

Feuerbohren mit dem Fiedelbohrer: S. 23

Feuerschlagen mit Feuerstein und Schlageisen S. 26

FEUERSTAHL

Wie der beiliegende Feuerstarter funktioniert, erfährst du auf S. 20/21.

FEUERSTAHL

Moderne Feuerstähle bestehen oft aus Auermetall, einem Gemisch aus Eisen und Cer sowie anderen Metallen der seltenen Erden. Auermetall wurde 1903 von Carl Auer von Welsbach erfunden und wird aufgrund seiner beiden Hauptbestandteile auch als Cereisen bezeichnet. Sobald du mit Metall über den Feuerstahl schabst, bilden sich Funken. Sie entstehen durch das Abhobeln feiner Metallspäne und durch Reibungshitze. Wenn diese Funken mit deinem Zundermaterial in Berührung kommen, bringen sie es zum Glühen. Mit dieser Glut kannst du dann eine Flamme in deinem Feuernest entfachen.

DU BRAUCHST:

- den beiliegenden Feuerstahl mit Plättchen oder zusätzlich ein Opinel-Taschenmesser
- Baumwollwatte, Flugsamen oder Birkenrinde als Zundermaterial

FEUERZEUG UND SCHWEFELHOLZ

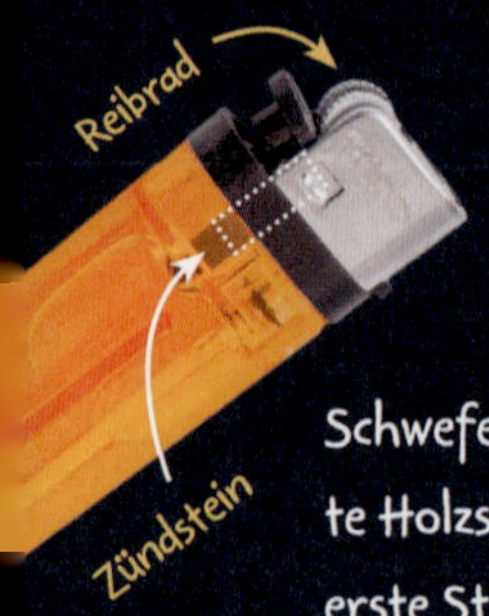

Aus der Technik des Feuererzeugens mit Auermetall entwickelten sich die heutigen Feuerzeuge: Durch Reibung über einen Zündstein bilden sich heiß glühende Funken, die den Brennstoff entzünden. Wusstest du, dass es erst seit den 1960er-Jahren Feuerzeuge mit kleinen Gastanks gibt?

Schwefelhölzer gab es schon vor über 2.000 Jahren. Es handelte sich um einfache, mit Schwefel beschichtete Holzstäbchen. Um sie zu entflammen, brauchte man jedoch Glut. 1826 erfand John Walker in England das erste Streichholz, das sich durch Reibung selbst entzündete. Er ließ es aber nicht patentieren und so meldete 1832 ein Fabrikant namens Samuel Jones ein Patent auf seine ganz ähnlichen »Lucifer-Streichhölzer« an. Etwa zur gleichen Zeit experimentierten verschiedene Erfinder mit weißem Phosphor, darunter Jakob Friedrich Kammerer in Ludwigsburg. Dieser Stoff ist leicht entzündlich und zugleich giftig. Phosphorzündhölzer waren also sehr gefährlich – nicht selten explodierten sie. 1844 entwickelte dann der Schwede Gustav Erik Pasch die Sicherheitsstreichhölzer: Sie zünden nur, wenn sie über die Reibfläche der Schachtel gezogen werden. Diese enthält eine weiterentwickelte, ungefährliche Variante des Phosphors.

Erinnerst du dich an die 1. Feuerregel? Richtig, ein Feuer wird immer nur draußen entfacht! So kannst du mit dem Feuerstahl Feuer machen:

1. Bereite zuerst ein Zundernest aus trockenen Gäsern vor (s. S. 32) und lege Flugsamen oder fluffig auseinandergezogene Baumwollwatte hinein – die feinen Fasern dienen als Funkenfänger. Stattdessen kannst du auch Birkenrinde nutzen: Schabe mit dem Taschenmesser vorsichtig über die Rinde und schiebe die gelösten Fasern zu einem Haufen zusammen.

2. Halte den Feuerstahl nah an das Zundermaterial. Um Funken zu erzeugen, schiebst du die gezähnte Einkerbung des beiliegenden Eisenplättchens über den Stahl. Dabei hältst du es so, dass sich der Daumen möglichst nah an der Einkerbung befindet. So kannst du Druck ausüben, während du das Plättchen über den Stahl nach vorne schiebst.

3. Anstelle des Eisenplättchens kannst du auch die stumpfe Seite eines Opinel-Taschenmessers benutzen. Achte darauf, dass die Klinge festgestellt ist und nicht einklappen kann. Sie zeigt mit der scharfen Seite schräg nach oben, jedoch vom Körper weg. Schiebe die Klinge nach vorne in Richtung Zundernest. Darin verfangen sich dann deine Funken.

4. **Der Trick:** Ziehe die Klinge nicht mit Wucht oder Kraft über den Feuerstahl, sondern schabe nur kurz und mit leichtem Druck. Wendest du zu viel Kraft an, entstehen viele unkontrollierbare Funken, die in alle Richtungen fliegen. Probiere das ein paar Mal aus: Bestimmt schaffst du es schon bald, wenige, sehr konzentrierte Funken zu erzeugen. Es braucht Übung, bis du richtig schöne, heiße Funken herstellen kannst. Sobald das Zundermaterial Feuer gefangen hat, ziehst du die Hände weg – es wird schnell warm!

FEUERBOHREN

Diese alte Methode des Feuermachens ist ziemlich anstrengend und du brauchst viel Übung und Geduld. Einige Naturvölker nutzen sie noch heute, um jeden Tag aufs Neue ein Feuer zu entfachen.

1. Für die einfachste Form des Feuerbohrens brauchst du einen Bohrstock, ein Bohrbrett aus weichem Holz, Birkenrinde und Flugsamen.

2. In das Brett sägst du vom Seitenrand eine schmale Kerbe. Wo die Kerbe endet, setzt du den Bohrstock an. Unter die Kerbe schiebst du ein Stück Birkenrinde. Durch das Bohren brennt sich eine Mulde in das Brett. Dabei bildet sich Holzstaub, der durch die Reibungshitze erglüht und durch die Kerbe auf die Birkenrinde fällt.

3. Schnitze ein Ende des Bohrstocks mit dem Taschenmesser rund und stelle es in die Mulde. Du kannst Flugsamen oder Birkenrindenspähne als Zunder in die Mulde legen.

4. Nun drehst du den Stock ganz schnell zwischen deinen Handflächen hin und her wie einen Quirl. Damit er nicht verrutscht, spuckst du vorher kurz in die Hände.

5. Jetzt brauchst du Geduld und Ausdauer. Sobald es zu qualmen beginnt, musst du unbedingt dranbleiben! Die Bohrspäne können jeden Moment anfangen zu glühen!

6. Wenn du es auf diese Weise schaffst, bist du ein wahrer Feuermeister! Weil das aber sehr schwer ist, wurde der **Fiedelbohrer** erfunden.

DU BRAUCHST:

- Haselstock, ca. 30 cm, ganz gerade
- Holzplatte (Fichte)
- Birkenrinde, Flugsamen
- Taschenmesser und Säge

ZUSATZ FIEDELBOHRER:

- Haselstock, 60–80 cm, gern leicht gebogen
- feste Schnur, ca. 1 m
- ein Stück Haselholz, das gut in der Hand liegt

Hölzer und Zunder müssen absolut trocken sein!

FIEDELBOHRER

Bei dieser Form des Feuerbohrens setzt ein Bogen den Bohrstock in Bewegung. Du führst ihn wie den Bogen einer Fiedel. Unter dem Brett liegt als Zunder die Birkenrinde.

1. Kerbe den langen Haselstock an beiden Enden jeweils 1 cm vom Rand entfernt leicht ein und befestige dort die Schnur, und zwar so, dass sie locker bleibt und noch nicht spannt.

2. Schnitze den kurzen Stock an einem Ende rund. Lege aus der Bogenschnur eine nach außen zeigende Schleife und stecke den Bohrstock so hindurch, dass das abgerundete Ende nach unten zeigt. Die Schnur sollte jetzt gespannt sein.

3. Nun brauchst du noch ein Handstück, mit dem du den Bohrstock auf das Brett drückst. Verwende dafür ein Stück Haselholz. Höhle es auf einer Seite mit dem Taschenmesser mittig etwas aus, sodass es auf den Bohrstock passt.

2.

4.

4. Drücke den Bohrstock mit dem Handstück senkrecht in die Mulde auf dem Bohrbrett und sichere dieses mit einem Fuß oder Knie. Mit deiner Schreibhand hältst du den Bogen an einem Ende gut fest. Das andere Ende umfasst am besten ein Freund, der dir gegenübersitzt.

5. Jetzt bewegt ihr den Bogen so schnell ihr könnt hin und her, als würdet ihr sägen. Je gleichmäßiger und schneller ihr den Bogen bewegt, desto mehr Reibungshitze erzeugt ihr. Wichtig ist, dass ihr den Bohrstock die ganze Zeit fest aufdrückt und gerade haltet. Seht ihr erste Glühfunken? Dann pustet vorsichtig in die Glut und schürt das Feuer.

FEUERSPINDEL

Bei dieser Form des Feuerbohrens bewegst du eine Spindel auf und ab.

1. Bearbeite zuerst die Spindel, das ist der lange, gerade Haselstock. Schnitze ihn am dickeren Ende spitz (= unten) und am dünneren Ende rund (= oben).

2. Säge von einem dicken Buchenast eine 1 bis 2 cm breite Scheibe ab. Passende Äste findest du häufig im Frühling nach Forstarbeiten. Schnitze die Scheibe an den Sägekanten leicht rund. Bohre nun exakt durch die Mitte ein Loch. Das Loch muss so groß sein, dass du die Scheibe von oben über die Spindel stülpen kannst, bis sie etwa 10 cm von der Spitze entfernt festsitzt. Dafür brauchst du je nach Dicke deines Stocks einen 8- oder 10-mm-Bohrer.

3. Schiebe die Scheibe über den Haselstock, bis sie fest aufsitzt. Dieses Holzstück funktioniert wie eine Schwungscheibe.

4. Nun spaltest du von dem dicken Ast auf beiden Seiten Holz ab: Setze die Messerklinge 0,5 cm neben den Markkanal und klopfe mit einem Stock auf die stumpfe Messerseite. Spalte den Ast. Das wiederholst du auf der anderen Seite – übrig bleibt eine 1 cm dicke Holzplatte.

5. Exakt durch die Mitte der Platte bohrst du ebenfalls ein dickes Loch. Es muss locker über den Spindelstock gleiten, ohne festzuhaken.

DU BRAUCHST:

- Haselstock, 40 cm, unten Ø etwa 1 cm, nach oben hin dünner
- Holzscheibe (Buche), 1–2 cm dick, Ø 10 cm
- Haselast, 13 cm, Ø 3 cm
- feste Schnur, ca. 80 cm
- Bohrbrett aus Fichte
- Säge, Taschenmesser
- Holzbohrer mit zwei Aufsätzen (8–10 mm + 4–5 mm)

3.

4.

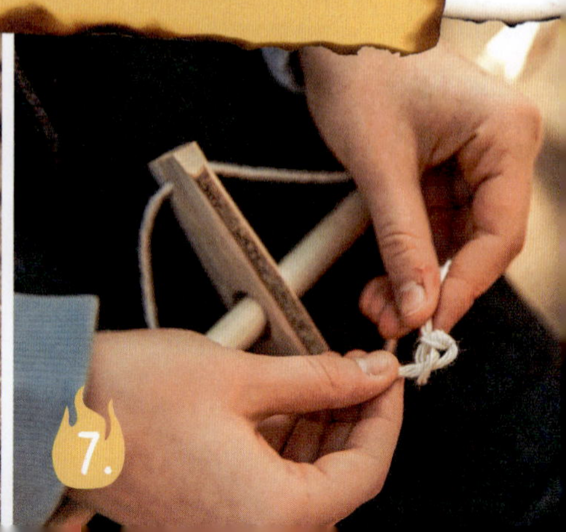
7.

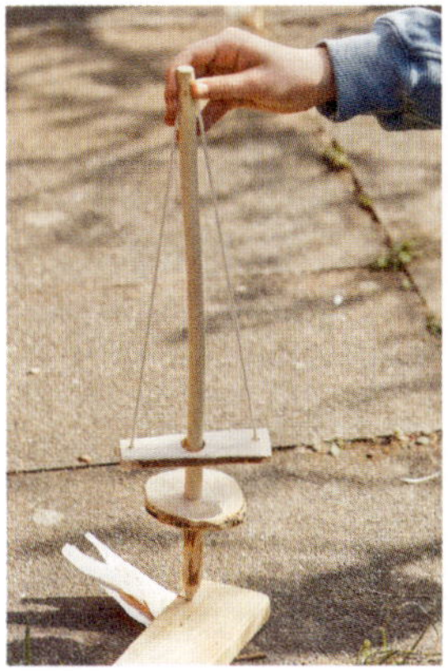

6. Wähle nun einen dünneren Bohrer, max. 5 mm. Bohre an beiden Seiten deiner Holzplatte jeweils 1 cm vom Rand ein Loch. Durch das obere Ende des Spindelstocks bohrst du ebenfalls einen dünnen Kanal.

7. Schiebe die Platte über den Stock und befestige sie: Mach zuerst einen Doppelknoten als Stopper in das Ende der Schnur. Fädele sie von unten durch eines der Löcher in der Platte, dann durch den Kanal im Bohrstock und schließlich von oben durch das andere Loch der Platte.

8. Ziehe die Holzplatte in die richtige Position – sie sollte etwa 4 cm oberhalb der Scheibe enden – und verknote dann die Schnur an der Unterseite mit einem Doppelknoten.

9. Setze nun die Spitze der Spindel senkrecht in die Mulde deines vorbereiteten Bohrbretts. Die Kerbe ist eingesägt? Dann geht's los: Drehe die Holzplatte mehrfach um sich selbst und wickele dabei die Schnur um den Stab.

10. Jetzt heißt es pumpen: Halte die Platte an beiden Seiten fest, drücke sie nach unten, lass sie hochschnellen und drücke erneut. Wie bei einem Jo-Jo. Mit etwas Geschick bringst du den Bohrstock durch Auf- und Abwärtsbewegungen in Schwingung: Der Stock dreht sich und bohrt sich langsam tiefer in das Holzbrett. Die schwere Buchenscheibe am unteren Ende der Spindel verstärkt die Schwingung. Je gleichmäßiger die Bewegung, desto größer die Reibung.

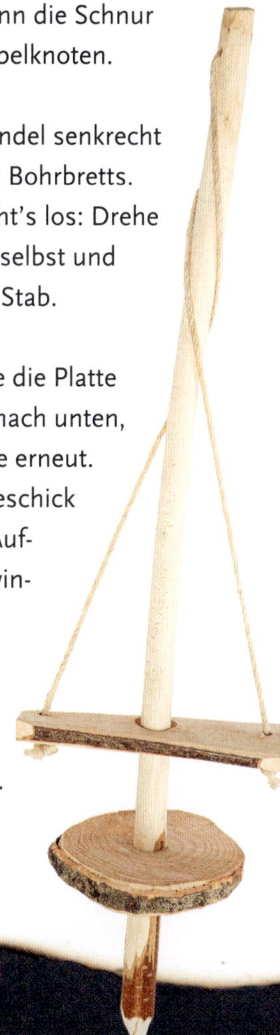

TIPP:

Manche Feuermacher sagen, dass es ganz egal ist, welche Holzart du verwendest. Nach meinen Erfahrungen ist weiches Holz als Bohrbrett am besten geeignet. Statt Fichte kannst du auch Kiefern-, Pappel- oder Lindenholz verwenden. Der Bohrstock sollte aber unbedingt aus hartem Holz sein. Am besten eignet sich das der Hasel, weil ihre Äste sehr gerade wachsen. Probiere auch Hibiskus und Holunder aus!

FEUERSCHLAGEN

Probiere, ein Feuer zu machen wie die Steinzeitmenschen – mit einem Feuerstein. Um damit Funken zu schlagen, brauchst du einen zweiten Stein aus Schwefelkies (s. S. 28) oder ein spezielles Schlageisen aus Stahl, das du auf Mittelaltermärkten oder bei einem Schmied kaufen kannst.

1. Zum Feuerschlagen mit dem Schlageisen benötigst du einen Feuerstein mit scharfer Kante. Spalte dafür einen großen Stein in kleine Stücke. Am besten legst du ihn in eine Baumwolltasche und schlägst vorsichtig mit einem Hammer darauf.

DU BRAUCHST:

- einen Feuerstein mit scharfer Kante
- verkohlte Baumwolle als Zunder (s. S. 35)
- Watte und/oder Flugsamen als Zunder
- ein Schlageisen aus gehärtetem Stahl mit einem hohen Kohleanteil
- evtl. Hammer und Baumwollsack

DER FEUERSTEIN

Der Feuerstein heißt eigentlich Flint oder Silex. Viele Feuersteine haben eine weiße Hülle, auch Cortex genannt. Flint ist ein entwässertes und erstarrtes Kieselsäuregestein, das bereits in der Kreidezeit in Skandinavien entstanden ist – 145 bis 65 Millionen Jahre vor unserer Zeitrechnung! In der Eiszeit schoben Gletscher aus Skandinavien die Steine vor sich her, deshalb findet man sie besonders häufig in Norddeutschland, vor allem an der Ostsee. Flint ist sehr hart, aber spröde: Er splittert leicht und eignet sich gut für die Herstellung von scharfen Werkzeugen wie Äxten und Pfeilspitzen. Schlägst du zwei Feuersteine aneinander, entstehen ganz kleine Funken. Sie sind jedoch nicht heiß genug, um ein Feuer zu entfachen. Trifft der Flint hingegen auf Stahl, entstehen heiße Funken. Bis zur Mitte des 19. Jahrhunderts wurde auf diese Weise Feuer entfacht und Schießpulver entzündet – daher hat die Flinte ihren Namen.

2. Bevor es losgeht, bereitest du ein Zundernest aus Watte oder Flugsamen vor. Wähle einen Stein mit scharfer Kante aus und lege ein kleines Stück verkohlte Baumwolle als Funkenfänger darauf, direkt an die Kante. Wie du verkohlte Baumwolle herstellst, erfährt du auf S. 35.

3. Wenn du Rechtshänder*in bist, hältst du den Stein und die Baumwolle mit der linken Hand gut fest. Die scharfe Kante zeigt nach außen. Nimm das Schlageisen in die andere Hand und schlage es vorsichtig senkrecht von oben nach unten an der Steinkante entlang.

4. Es entstehen heiße Funken. Sie bilden sich nicht aus dem Feuerstein, sondern aus dem im Schlageisen enthaltenen Kohlenstoff. Der harte und scharfe Feuerstein löst den Funken, deshalb nennt man ihn auch *Funkenlöser*. Das mittelalterliche Schlageisen hat also die gleiche Funktion wie der Feuerstahl.

FEUERSTEINE ENTDECKEN:

An Nord- und Ostseestränden, in Hemmoor (Niedersachsen) und auch auf der Schwäbischen Alb. Riesen-Feuersteine gibt es am Flinsberg in Baden-Württemberg. Ein Feuerstein-Bergwerk aus der Steinzeit findest du in Abensberg (Bayern). Feuersteine sehen nicht überall gleich aus: Helgoländer Feuerstein ist rot.

5. Bleibt ein Funke in der Baumwolle hängen, beginnt sie zu glühen. Puste ein wenig, bis die Glut größer wird. Dann legst du die glühende Baumwolle in dein Zundernest. Puste weiter, bis es raucht – nun stehst du kurz vor dem Feuerentfachen.

STEINZEIT-FEUERZEUG

Die Menschen in der Steinzeit hatten natürlich noch keinen Stahl – sie schlugen Funken aus Markasit oder Pyrit, auch Schwefelkies genannt. Beide Steine bestehen aus Eisen-Schwefel-Verbindungen.

1. Schlägst du zwei Feuersteine aneinander, entstehen Funken, aber keine Hitze. Schlägst du den Feuerstein jedoch an eine aufgespaltene Markasitknolle, lösen sich glühende Partikel. Ein weiterer funkenträchtiger Stein ist Pyrit. Man nennt ihn auch Eisenkiesel, Katzen- oder Narrengold. Er ist stabiler als Markasit, welcher leicht verwittert.

2. Die Funken fängst du mit Zunder auf. Du kannst sie zum Beispiel auf ein Stück Birkenrinde mit abgeschabten Rindenfasern fallen lassen. Dann vorsichtig anpusten und mit weiterem Zunder füttern. Die Steinzeitmenschen nutzten als Zunder für ihr Feuerzeug unter anderem getrocknete Baumpilze wie den Zunderschwamm (s. S. 36).

DU BRAUCHST:

- einen Feuerstein
- Markasit- oder Pyritknolle
- Zunder (Birkenrinde, verkohlte Baumwolle, Flugsamen)

DIE WAHREN FEUERSTEINE

Wenn Schwefel verbrennt, entsteht starke Reibungshitze: Das ergibt sehr heiße und langlebige Funken. Anders als der Flint, der wegen seiner Härte als Feuerschläger benutzt wird, entwickeln Markasit und Pyrit also tatsächlich Hitze. Das Feuer steckt schon im Namen: Auf Altgriechisch bedeutet »pyr« Feuer, Markasit ist nach dem arabischen Wort für Feuerstein benannt. Beide Steinknollen sind weitverbreitet, du kannst sie auch im deutschsprachigen Raum an vielen Orten finden – oder in Mineraliengeschäften kaufen.

BRENNGLAS

Feuer entsteht auch, wenn Sonnenstrahlen durch eine Lupe gebündelt werden.

1. Die Linse einer Lupe ist nach außen gewölbt, das nennt man *konvex*. Mit dieser Linsenform kannst du Dinge aus der Nähe betrachten, weil sie das Licht konzentriert. Ähnlich funktioniert eine Weitsicht-Brille. Weitsichtige können nahe Dinge nicht scharf sehen. Kurzsichtige hingegen brauchen *konkave*, also nach innen gewölbte Linsen, um in die Ferne zu schauen.

2. Lege ein Blatt Papier auf den Boden und richte die Lupe so aus, dass die Sonnenstrahlen durch sie hindurch auf das Papier fallen. Erkennst du einen kleinen Lichtpunkt? Daraus wird ein Brennpunkt, wenn du die Lupe mit ruhiger Hand länger auf dieselbe Stelle hältst. Das Papier wird dort wärmer, bis es schließlich entflammt.

3. Auf diese Weise kannst du auch Zunder entzünden. Stütze die haltende Hand am besten ab. Wenn du wackelst, verlierst du den Brennpunkt. Fängt der Zunder nach etwa einer Minute zu brennen an? Dann lege dünne Zweige dazu und puste – schon brennt das Feuer. Am besten geht das natürlich um die Mittagszeit, wenn die Sonne am intensivsten ist.

WARUM IST DAS SO? **Eine Lupe ist auf beiden Glasseiten nach außen gewölbt – in der Mitte ist das Glas also dicker als am Rand. Die Lichtstrahlen der Sonne werden durch das Lupenglas gebrochen: Sie laufen hinter der Lupe aufeinander zu, überkreuzen sich und laufen wieder auseinander. Wo sich die Lichtstrahlen kreuzen, ist der Brennpunkt. Je exakter die Lupe geschliffen ist, desto kleiner ist der Schnittpunkt der Strahlen und desto heißer wird es dort. Weil die Strahlen gesammelt werden, heißt eine Lupe auch *Sammellinse*. Und weil sie einen Brennpunkt liefert, nennt man sie auch *Brennglas*.**

DAS FEUER-REZEPT

Damit ein Feuer gelingt, brauchst du Zunder als Anzündhilfe, kleines Nachlegeholz und größeres Brennholz – das alles sollte richtig trocken sein. Stell dir vor, Feuer machen ist wie Kuchen backen. Hier findest du das richtige »Feuer-Rezept«.

GIB ZUNDER: VOM FUNKEN ZUR FLAMME

Zunder ist alles, was den ersten Funken halten kann, um daraus mit weiterem Brennmaterial ein Feuer zu machen. Einige Zunderarten hast du bereits kennengelernt, in diesem Kapitel erfährst du mehr darüber. Neben trockenem Heu und Holzspänen sind besonders geeignet:

1. **Birkenrinde**
Brennt sogar, wenn sie feucht ist, weil sie ätherische Öle enthält.

2. **Flugsamen**
Weich wie Watte und genauso leicht entzündlich.

3. **Verkohlte Baumwolle**
Verwandele dein altes T-Shirt in einen Funkenfänger.

4. **Zunderschwamm**
Ein Baumpilz, der schon seit Jahrtausenden als Zunder dient.

5. **Harz und Kienspan**
Das klebrige Harz der Nadelbäume heilt, duftet und brennt!

6. **Wachs**
Aus Kerzenstummeln kannst du Zunder und Fackeln machen.

Fackeln bauen mit Wachs oder Birkenrinde: S. 40/41

In deinem Feuerbeutel hast du alles dabei, was du zum Feuermachen brauchst: S. 42

Funkenfänger und Gluttransporter – der Zunderschwamm: S. 36

FEUER LÖSCHEN

Wie du ein Feuer löschst und worauf du dabei achten musst, erfährst du auf S. 43.

ZUNDERNEST

Damit aus dem Funken eine Flamme wird, brauchst du folgende Zutaten: Funkenfänger, Zundernest und ganz viel Puste.

1. Funkenfänger hast du bereits kennengelernt: Das sind sehr feine, leicht entzündliche Materialien wie Baumwollwatte und Flugsamen, Sägemehl oder der Flaum der Birkenrinde.

2. Sobald der Funke überspringt, pustest du vorsichtig in die Glut. Jetzt heißt es schnell sein: Du musst weiteren Zunder entfachen, bevor dein Funkenfänger verglüht ist. Wenn du nun einfach Material dazugibst, kann es passieren, dass du die Glut erstickst. Bereite also zunächst ein Nest aus trockenen Gräsern und Flugsamen vor, in das du den Glutherd bettest. Schütze deine Hände mit feuerfesten Handschuhen.

3. Puste weiter auf die Glut im Zundernest, bis sie sich auf das Brennmaterial überträgt und weißer Rauch entsteht. Wenn deine Puste nicht reicht, nimmst du das Feuernest in die Hände und kreist langsam deine Arme, sodass die Glut weiter genügend Sauerstoff bekommt.

4. Bald schon brennt das Zundernest. Lege es jetzt schnell auf die Feuerstelle und nähre es mit Reisig, Birkenrinde und anderem Material, das du auf den nächsten Seiten kennenlernst.

5. Am besten stellst du jetzt dünne trockene Zweige aufrecht um das Zundernest. Achte darauf, dass dein Feuer immer genügend Luft bekommt, sonst geht es aus und du musst von vorn beginnen. Das Feuer wächst, wenn du nach und nach größeres Brennholz hinzufügst.

FEUER-BLASROHR

DU BRAUCHST:

- Holunderast, gerade, 30 cm, Ø 1,5 cm
- einen langen Kastanienbohrer
- Taschenmesser

Mit einem Pusterohr kannst du Abstand zu den Flammen halten und gezielt ein Feuer anfachen. Schnitze dir eins aus Holunder und sammle zugleich Zunder.

1. Säge einen etwa 1,5 cm dicken Holunderast auf 30 cm Länge zu. Was sofort auffällt, ist das weiße und weiche Holundermark. Es ist trocken und damit auch gutes Zundermaterial. Wirf die Mark-Stückchen, die sich beim Aushöhlen ansammeln, also nicht weg.

2. Bohre von beiden Seiten mit einem langen Kastanienbohrer ins Mark. Es lässt sich ganz leicht entfernen. Das Blasrohr sollte möglichst faserfrei ausgehöhlt werden.

3. An der Seite, die du in den Mund nimmst, entfernst du mit dem Taschenmesser die Rinde. Wenn du möchtest, kannst du noch Verzierungen in die Rinde schnitzen.

4. Wenn du nun durch das Rohr in die Glut pustest, wirst du feststellen, dass du damit viel gezielter Luft zugeben kannst. Zugleich bist du durch den Abstand besser vor Hitze und Funkenflug geschützt.

FEUER-TIPP:

Malst du gerne? Dann ist dein Anspitzer sicher randvoll gefüllt mit Spänen. Sammle diese Anspitzerreste – sie sind bester Feuerzunder, denn das Holz des Stifts ist fein gehobelt und brennt hervorragend.

BIRKENRINDE

In der Birkenrinde steckt ein Zauberstoff: das Betulin. Es gibt der Rinde ihre typische weiße Farbe und schützt den Baum vor Schädlingen und Austrocknung.

1. Betulin ist ein sogenanntes *Terpen*, ein Bestandteil ätherischer Öle, und als solches leicht entflammbar. Wirfst du Birkenrinde in ein wachsendes Feuer, brennt dieses viel besser.

2. Du kannst die Rinde ganz leicht von gefällten oder umgestürzten Bäumen lösen – schneide sie aber niemals von einem lebenden Baum!

3. Wenn du mit dem Messer über ein Rindenstück schabst, entsteht feinster Rindenflaum. Schiebe ihn zu einer fluffigen Kugel zusammen. Diese lässt sich leicht entzünden. Je dünner die Späne, desto leichter fangen sie Funken.

4. Birkenrinde brennt sogar in feuchtem Zustand, erzeugt dabei aber schwarzen Rauch. Bei Hitze rollt sie sich zusammen, daher solltest du sie in kleine Stücke reißen oder falten, bevor du sie ins Feuer wirfst.

Der Rohrkolben bricht im Herbst auf, dann kannst du seine weichen Samen ernten. Aber Achtung: In einigen Regionen steht die Pflanze unter Naturschutz!

Die Pappel verteilt ihre Wolle bereits im Frühsommer.

FLUGSAMEN

Manche Pflanzen nutzen den Wind, um ihre Samen mit ausgeklügelten Flugmechanismen zu verteilen. Ahorn und Linde lassen Propeller fliegen, Löwenzahn und Distel haben kleine Fallschirme. Auch Baumwollwatte ist nichts anderes als ein Geflecht aus Flugsamen. Rohrkolbensamen sind ganz ähnlich aufgebaut, ebenso die Samen der Pappel. Flauschige Flugsamen sind bestens als Zundermaterial geeignet.

VERKOHLTE BAUMWOLLE

Dein liebstes T-Shirt ist zerrissen oder fleckig? Wirf es nicht weg, sondern verarbeite es zu Zunder. Verkohlte Baumwolle ist als Funkenfänger unschlagbar.

1. Schneide das T-Shirt in Streifen von der Breite deiner Dose. Dann schneidest du Stücke ab, die genau in die Dose passen. Stapele diese Stücke in der Dose übereinander.

2. Mit einer Ahle oder einem Kastanienbohrer stichst du ein Loch mittig in den Dosendeckel. Verschließe die Dose gut und stecke einen angespitzten Stock in die Öffnung im Deckel.

3. Lege nun die Dose – feuerfesten Handschuh anziehen! – in die Glut und warte rund 15 Minuten ab. So viel Zeit braucht es in etwa, bis die Baumwolle durchgekohlt ist.

4. Mache den Test: Ziehe den dünnen Stock aus dem Deckel. Wenn der austretende Qualm weiß ist, ist die Baumwolle verkohlt und fertig.

5. Lege die Baumwolle zum Beispiel auf einen scharfkantigen Feuerstein und übe das Feuerschlagen. Die Funken werden sich ganz sicher in dem Kohlestück verfangen und weiterglühen.

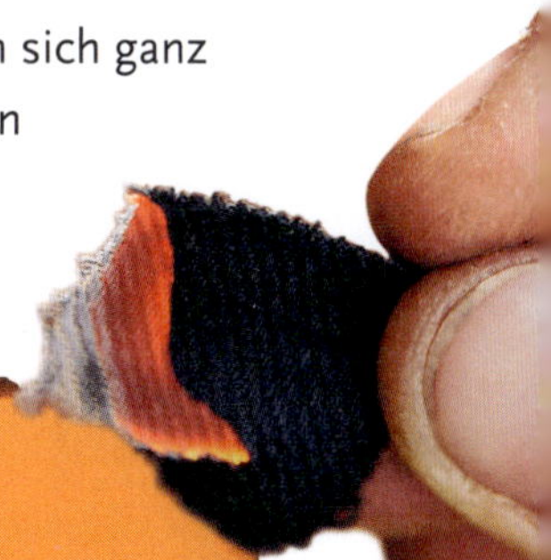

DU BRAUCHST:

- flache Blechdose mit Deckel, z. B. eine Stifte- oder Bonbondose
- altes T-Shirt oder Bettlaken aus Baumwolle
- feuerfeste Handschuhe
- Schere, Ahle oder Kastanienbohrer
- einen kurzen, dünnen Stock

ZUNDERSCHWAMM

Der Zunderschwamm ist ein Baumpilz, der schon vor Jahrtausenden zum Feuermachen genutzt wurde. Er eignet sich auch gut als Transportmittel für Glut. Den Zunder liefert das filzige Pilzfleisch, die sogenannte *Trama*-Schicht.

1. Du findest den Pilz vor allem an absterbenden Buchen und Birken im Wald. Er lässt sich meist leicht lösen. Die Trama ist allerdings gar nicht so leicht aus dem Zunderschwamm herauszuholen, denn sie schmiegt sich eng an die harte Kruste. Bitte auf jeden Fall einen Erwachsenen um Hilfe! Einen frischen Pilz könnt ihr in Scheiben sägen und die Trama mit einem scharfen Messer freilegen. Ist der Pilz sehr hart, bearbeitet ihr die Kruste mit einem Hammer oder einem Stein: Sie bricht auf und lässt sich Stück für Stück wegschnitzen.

2. Löse kleine Stücke von der Trama-Schicht und dehne sie. Die Fasern lassen sich leicht auseinanderziehen. Dabei sollten möglichst keine Löcher entstehen. Nun noch gut trocknen lassen, dann ist der Zunder einsatzbereit.

3. Profis *nitrieren* die Trama, um sie noch entzündlicher zu machen. Dafür werden flache Stücke mehrere Tage in Kaliumnitrat (Salpeter) eingelegt – früher verwendete man dafür Urin! Das ist aber nicht zu empfehlen, schon wegen des Geruchs ... Ebenso gut funktioniert es, wenn du die Stücke in Aschelauge einlegst.

4. Verrühre weiße Asche mit Wasser und tauche die Trama hinein. Deckel drauf und drei Wochen ziehen lassen. Dann kurz abspülen, flach klopfen und gut trocknen lassen. Diesen Zunder verwendest du wie verkohlte Baumwolle.

5. Für den Gluttransport legst du einen trockenen Pilz ein paar Minuten mit der Porenseite ins Feuer. Dann puste auf die Glut. Der Pilz glimmt. Die Glut liegt wie in einem Feuerkorb und kann vorsichtig getragen werden.

TIPP: **Legst du den Zunderschwamm ins Feuer, vertreibt er lästige Mücken und Fliegen. Die mögen seinen Geruch gar nicht.**

CHAGA-PILZ: Ebenfalls ein guter Zunderpilz ist der Schiefe Schillerporling oder Chaga-Pilz. Er wächst auf Birken und wird leicht übersehen, da er von außen schwarz ist und wie ein Teil der Borke aussieht.

KOHLEN-KUGELPILZ: Bei diesem Pilz ist der Name Programm! Den trockenen Pilz kannst du aufbrechen und als Funkenfänger oder Gluttransporter nutzen.

ZUNDERBÄUMCHEN

Für diesen Zunder brauchst du einen trockenen Stock aus weichem Holz.

1. Halte den Stock an einem Ende fest und schnitze oberhalb deiner Hand schräg ins Holz. Drücke dabei den Daumen der Hand, die den Stock hält, auf die stumpfe Klingenseite und schiebe die Klinge etwa 1 cm tief unter die Holzfasern, sodass sie sich kringelt. Gleich dahinter machst du weitere Schnitte – achte darauf, dass alle Fasern am Stock hängen bleiben. Drücke die Fasern ein wenig nach außen.

2. Fertig ist das Zunderbäumchen.
Um damit ein Feuer zum Brennen zu bringen, steckst du leicht entzündlichen Zunder unter die Holzlocken. Sobald dieser Funken fängt, übertragen sich die Flammen schnell auf das Holz. Das Feuer kann sich sehr gut ausbreiten.

3. Um ein kleines Feuer weiter anzufachen, stellst du das Zunderbäumchen aufrecht an das Feuer, sodass die Schnipsel nach unten zeigen.

HARZ UND KIENSPAN

Harz ist eine klebrige, duftende Substanz, mit der Nadelbäume ihre Wunden heilen. Es enthält wie die Birkenrinde leicht entzündliche *Terpene*. Bricht ein Baum, werden seine Wurzeln oder Bruchstellen mit Harz getränkt – so entsteht nach einer Weile Kienspan.

1. Kienspan kommt vor allem bei Kiefern vor. Das Holz ist dunkler, fast schon rötlich gefärbt. Als Anzündhilfe ist es perfekt: Es brennt so ausdauernd, dass du in Ruhe Brennholz nachlegen kannst. Lange Kienspäne eignen sich sogar als Fackel. Abgeschabte Fasern sind ein guter Funkenfänger.

2. Guten Zunder erhältst du auch, wenn du kleine Harztropfen auf Holzspäne klebst. Falls du viel Harz findest, kannst du es bei schwacher Hitze in einer Dose schmelzen und trockene Fichtenzapfen oder Holzspäne darin tränken.

3. **Harz und Kienspan finden:** Harz findest du vor allem an der Rinde von Nadelbäumen. Kleine Tropfen kannst du abbrechen, ohne dem Baum zu schaden. Suche auch nach frisch gefällten oder umgestürzten Bäumen, die das austretende Harz nicht mehr brauchen. Kienspan zu finden und freizulegen, ist deutlich schwieriger. Die besten Quellen sind ältere Baumstümpfe, entwurzelte Bäume und abgebrochene Äste, die schon länger liegen. Du brauchst auf jeden Fall eine Säge.

Übrigens sondern auch Laubbäume Harz ab. Dieses klebt und duftet aber nicht. Es lässt sich auch nicht schmelzen, sondern verkohlt in der Feuerglut.

FEUERWUNDER KÖNIGSKERZE

Diese bis zu 1,50 m große Pflanze wächst an sonnigen Plätzen, häufig an Straßen- oder Waldrändern. Im Herbst kannst du die verdorrte, trockene Kerze in eine Fackel verwandeln: Tunke die Spitze in flüssiges Harz oder Wachs und übergieße weitere Teile der Pflanze vorsichtig mit einer alten Suppenkelle. Sobald das Harz/Wachs getrocknet ist, kannst du die Fackel anzünden.

WACHS

Aus Kerzenresten kannst du tollen Zunder machen! Schmelze zunächst das Wachs.

Kerzen brennen mit einem Docht in der Mitte. Die Flamme lässt das Wachs schmelzen – dabei steigen Gase auf, die mit Sauerstoff reagieren und die Flamme am Brennen halten. Früher verwendete man für Kerzen tierische Fette wie Walrat. Heute bestehen sie aus Bienenwachs, Stearin (meist Palmöl) oder Paraffin, einem Nebenprodukt des Erdöls.

1. Du brauchst eine große, stabile Blechdose (zum Beispiel eine Konserven- oder Keksdose) oder einen alten Topf ohne Kunststoffgriffe.

2. Stelle die Dose mit den Kerzenstummeln in die Glut – nutze einen feuerfesten Handschuh und eine lange Rohrzange. Nach kurzer Zeit ist das Wachs geschmolzen. Nimm die Dose vorsichtig vom Feuer – Achtung, sie ist sehr heiß! – und stelle sie auf einen feuerfesten, ebenen Untergrund, zum Beispiel auf eine Steinplatte.

3. Falte eine Zeitungsseite zu einer etwa 1,5 cm breiten Ziehharmonika (abwechselnd nach vorn und nach hinten knicken). Die Ziehharmonika faltest du erneut, bis sie in die Dose passt. Tauche sie mit einem Stock in das flüssige Wachs und warte, bis sie sich vollgesogen hat.

4. Dann holst du sie mit der Zange heraus und legst sie zum Trocknen auf einen Stein oder auf Pappe. Wenn sie fest ist, schneidest du mit dem Taschenmesser kleine Wachsbrocken ab. Verstaue die Anzünder in einer Dose.

TIPP: **Streichhölzer werden wasserfest, wenn du sie in Wachs tauchst. Wachsgetränkte Bindfäden eignen sich nicht nur als Zunder, sondern auch als Kerzendochte.**

DU BRAUCHST:

- große Blechdose oder einen alten Topf
- Rohrzange, feuerfeste Handschuhe, Stock
- viele Kerzenreste
- Zeitungspapier
- Streichhölzer, Reisig, Bindfaden

WACHSFACKEL

Für die Wachsfackel brauchst du einen etwa 1 m langen und 10 cm breiten Stoffstreifen aus Baumwolle. Am besten eignet sich ein altes Bettlaken.

1. Fülle eine große Blechdose mit Kerzenresten und stelle sie in die Feuerglut. Sobald das Kerzenwachs geschmolzen ist, nimmst du die Dose mit der Rohrzange aus der Glut und stellst sie auf einen flachen Stein.

2. Tauche den Baumwollstreifen vollständig in das flüssige Wachs und rühre vorsichtig mit dem kurzen Stock um. Ziehe den Stoffstreifen mit einer Zange aus der Dose – VORSICHT, er ist sehr heiß! – und lass ihn ein paar Sekunden abkühlen. Lege ihn am oberen Ende um den Fackelstock. Lass einen Zipfel herausgucken – daran kannst du die Fackel später wie an einem Docht entzünden.

3. Schlage den Stoffstreifen immer weiter nach unten um den Stock. Für den Handschutz nimmst du einen Bierdeckel oder ein Stück Pappe und schnitzt in die Mitte einen Kreuzschlitz. Drücke die Ecken ein und schiebe die Pappe von unten über den Stock.

DU BRAUCHST:

- Stock, 60–100 cm
- Stock, ca. 30 cm
- ein altes T-Shirt oder Bettlaken aus Baumwolle
- Schere, Zange
- große Blechdose
- viele Kerzenreste
- Rohrzange, feuerfeste Handschuhe
- Bierdeckel / Pappe

ACHTUNG:

Erinnerst du dich, was die Försterin über brennende Äste gesagt hat?
Eine brennende Fackel sollte niemals durch den Wald getragen werden. Nur die Förster*innen dürfen dazu die Erlaubnis geben – manchmal finden im Wald geführte Fackelwanderungen statt.

FACKEL AUS BIRKENRINDE

Für diese Fackel brauchst du einen sehr geraden, etwa armlangen, dicken Ast. Der Birken-Zunder wird hineingesteckt.

1. Säge den Ast an beiden Enden gerade ab und stelle ihn aufrecht auf den Boden – das dünnere Ende zeigt nach unten, das dicke nach oben.

2. Setze die Messerklinge auf die Sägefläche und klopfe mit einem Stock auf die stumpfe Klingenseite: Der Ast wird gespalten. Achte darauf, dass das Messer nicht zu tief ins Holz eindringt – der Spalt sollte etwa 10 cm tief sein. Drehe den Ast um 90 Grad und wiederhole den Vorgang – jetzt hast du einen Kreuzspalt.

3. Schneide die Birkenrinde in schmale Streifen, jeweils etwa 5 cm breit und 10 cm lang.

DU BRAUCHST:

- einen geraden Ast, 50–60 cm, Ø 4–5 cm
- Birkenrinde
- Stock zum Spalten
- Taschenmesser, Säge, Schere

4. Stecke die Rinde nun abwechselnd in den Längs- und in den Querspalt des Asts. Nimm dein Messer zu Hilfe und heble den jeweiligen Spalt vorsichtig auf. Schiebe einen kurzen, dünnen Ast hinein, damit der Spalt geöffnet bleibt. Klemme so viel Rinde dazwischen, wie hineinpasst. Du kannst die Streifen auch halbieren, indem du vorsichtig mit den Fingern daran ziehst – als würdest du Papier in Streifen reißen. Die Birkenrinde hält von ganz allein. Fertig ist die Fackel.

FEUERBEUTEL

In diesem Beutel hast du immer alles dabei, was du zum Feuermachen brauchst.

DU BRAUCHST:

- Lederrest, ca. 35 x 35 cm
- 2 lange, feste Schnüre
- Taschenmesser, Schere
- Stift, Zirkel (oder einen großen Teller)

1. Zeichne mit dem Zirkel oder einem Teller auf die Innenseite des Leders einen etwa 30 cm großen Kreis. Ziehe eine Linie durch die Mitte und füge an beiden Enden ein Ohr hinzu. Schneide den Kreis mit den beiden Ohren aus.

2. Markiere auf beiden Hälften je 14 Striche im Abstand von ca. 1,5 cm zueinander und zum Rand. Schlitze mit der Spitze deines Taschenmessers kleine Schnitte in die Markierungen.

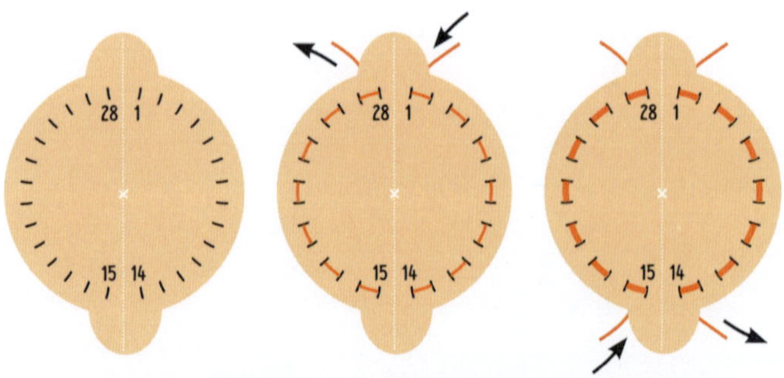

3. Führe die erste Schnur von außen an Schlitz 1 ein und fädele sie rundherum, bis du an Schlitz 28 wieder außen ankommst. Die zweite Schnur fädelst du an Schlitz 15 ein und führst sie einmal herum bis zu Schlitz 14.

4. Nun verknotest du bei geöffnetem Beutel auf jeder Ohrseite die beiden Schnurenden. Schneide die Reste ab und ziehe an beiden Schnurenden – fertig ist dein Feuerbeutel! Wird dieser Beutel zu klein, bastle dir einfach einen größeren.

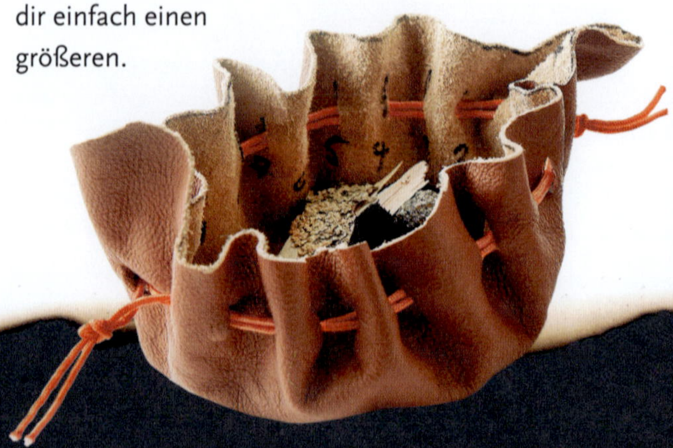

ALLES IN EINEM SACK

In den Feuerbeutel gehören: Feuerstahl, Watte, Rohrkolbensamen, Birkenrinde, Kienspan, trockene Schnitzschnipsel, Wachsstreichholz, Wachsbindfaden, verkohlte Baumwolle, Feuerstein, Pyrit, Kerzenstummel, Harz, ein Stück gewachste Zeitung ... Willst du noch etwas ergänzen?

EIN FEUER RICHTIG LÖSCHEN

Du weißt nun, wie du ein Feuer entfachen kannst. Ein echter Feuerprofi muss aber auch wissen, wie man ein Feuer beaufsichtigt, wie man es löscht und wie man eine Feuerstelle hinterlässt.

1. Ein Feuer muss immer beaufsichtigt werden. Ihr könnt euch beim Aufpassen abwechseln und Feuerwächter-Teams bilden. Diese müssen darauf achten, dass das Feuer nicht zu groß wird, aber auch nicht vorzeitig erlischt.

2. Erinnere dich an die drei Regeln von S. 13: Um ein Feuer zu erhalten, braucht es Nahrung, also Brennstoff. Um es zu reduzieren, musst du ihm Brennstoff entziehen. Bei einem Sternfeuer (s. S. 54) ist beides sehr einfach: Du kannst die dicken Hölzer entweder nachschieben oder aus dem Glutherd herausziehen.

3. Ein großes Feuer ist schwer zu löschen – du musst warten, bis es heruntergebrannt ist und nur noch vor sich hin schwelt.

4. Ist das Feuer klein genug, löschst du es mit Wasser – am besten verteilst du es gleichmäßig mit einer Gießkanne.

5. Rühre die Rückstände mit einem dicken Stock um und trenne noch glühende verkohlte Äste voneinander. Mit Sand erstickst du die restliche Glut. Achte darauf, dass du keine Glut im Boden vergräbst, das Feuer könnte sonst unterirdisch weiterbrennen.

6. Halte die Hand über die Feuerstelle: Fühlt es sich noch warm an? Dann kippe Wasser nach. Verlasse die Feuerstelle erst, wenn sie erkaltet ist und nicht mehr qualmt. Überprüfe auch übrig gebliebenes Brennholz und die Umgebung.

WUNDERMITTEL ASCHE

Wenn Holz verbrennt, werden alle Nährstoffe konzentriert, die der Baum in seinem langen Leben gesammelt und gespeichert hat. Die Menge Asche, die zurückbleibt, ist zwar sehr klein im Verhältnis zum Baum – aber dennoch voller Nährstoffe.

KOHLE UND ASCHE

Holz besteht vorwiegend aus Kohlenstoff und Wasserstoff, und wenn das Feuer niedergebrannt ist, bleiben nur Holzkohle und Asche übrig. Holz verbrennt in drei Phasen:

1. **Trocknungsphase:** Das Wasser im Holz verdampft.

2. **Entgasungsphase:** Die Kohlen- und Wasserstoffe werden getrennt und in Gase umgewandelt: Wasserdampf und Kohlendioxid. Zudem entweichen als Verbrennungsgase: Sauerstoff, Schwefel und Stickstoff. Dabei können Temperaturen von über 1.000 Grad entstehen – das Feuer brennt stürmisch unter großer Hitze und Flamme.

3. **Ausbrandphase:** Die Holzkohlenglut verbrennt – ganz ohne Flamme. Die Temperatur liegt jetzt bei rund 800 Grad. Das ist immer noch dreimal so heiß wie der Backofen in eurer Küche! Am Ende bleibt nur ein Häuflein Asche übrig. Aber auch daraus kannst du etwas machen!

Asche für das nächste Feuer – die Feuerwurst: S. 48

Naturkleber mit Asche: S. 47

Zeichenkohle selbst herstellen: S. 49

ASCHE-ZAHNPASTA

Mit Asche kannst du deine Zähne putzen! Warum? Das erfährst du auf S. 46.

ZAHNPASTA

Schwer zu glauben, aber wahr: Mit Asche kannst du deine Zähne putzen! Bevor die Tubenzahnpasta erfunden wurde, war Asche ein weitverbreiteter Bestandteil der Zahnpflege – manche Naturvölker nutzen sie noch heute dafür.

1. Du brauchst nicht mal eine Zahnbürste: Tippe einfach deinen angefeuchteten Zeigefinger in die kalte weiße Holzasche und schrubbe mit dem Finger deine Zähne. Wichtig: Verbrenne nur reine, ungiftige Hölzer, am besten Buchenholz.

2. Wenn du in den Spiegel guckst, stellst du fest: alles schwarz! Aber sobald du den Mund gründlich ausgespült hast, sind deine Zähne sauber. Und, wie schmeckt dir die Asche?

WARUM FUNKTIONIERT DAS?

Holzasche enthält viele Mineralstoffe wie Magnesium, Kalium und vor allem Kalzium, deshalb ist sie sogar richtig gut für deine Zähne! Sie wirkt wie ein sanftes Scheuermittel und hat einen basischen pH-Wert, mit dem sie Säuren neutralisiert, die deine Zähne angreifen.

WASCHEN, PUTZEN, SPÜLEN

Fein gesiebte Holzasche ist nicht nur für die Zahnpflege nützlich, sondern auch als Putzmittel aller Art! Du kannst sie als Scheuerpulver und sogar zum Wäschewaschen benutzen. Dafür lässt du etwas Asche ein paar Tage in Wasser ziehen – fertig ist die Lauge. Auch zum Spülen deines Camping- und Grillgeschirrs eignet sich Asche prima, weil sie ein guter Fettlöser ist. Damit werden Becher, Teller und Besteck ganz sicher sauber – ohne die Umwelt zu verschmutzen.

NATURKLEBER

Asche ist das perfekte Bindemittel, um aus dem klebrigen, aber harten Baumharz einen richtig guten Klebstoff zu machen.

DU BRAUCHST:

- ein paar große Harztropfen, Ø 1–2 cm
- kalte Asche
- Blechdose als Topf
- feuerfeste Handschuhe oder Rohrzange
- Ast als Rührstock
- Flugsamen (Distel/Rohrkolben) oder geschmolzenes Bienenwachs

1. Für diesen Naturkleber brauchst du neben Harz als Klebstoff und Asche als Bindemittel noch etwas, das den Kleber elastisch und formbar macht: Dafür kannst du entweder Flugsamen nehmen oder Bienenwachs, vielleicht von einer alten Kerze.

2. Suche an der Rinde von Nadelbäumen nach ausgehärteten, möglichst reinen Harztropfen, die sich leicht abbrechen lassen. Schmelze die Harzstücke in einer Blechdose. Sie dürfen kein Feuer fangen und auch nicht zu heiß werden – stelle die Dose mit dem Harz also nicht direkt in die Glut, sondern an den Rand. Nutze dafür einen feuerfesten Handschuh oder eine lange Rohrzange.

3. Sobald das Harz geschmolzen ist, nimmst du die Dose von der Feuerstelle und mischst weiße Asche unter, bis das Harz dickflüssig wird.

4. Füge Flugsamen oder flüssiges Bienenwachs hinzu. Mit den Samen wird der Kleber spröde, Bienenwachs macht ihn geschmeidiger. Verrühre alles mit einem Ast, bis die Masse abkühlt und am Ast hängen bleibt. Drücke sie fest. Erwärmst du den Kleber über einer Kerze, wird er formbar. Du kannst damit zum Beispiel Risse im Holz verkleben oder Schuhsohlen befestigen.

1.

3.

4.

FEUERWURST

Brauchst du dringend ein Feuer und hast deinen Feuerstahl vergessen, hilft dir die Feuerwurst aus Asche und Watte weiter.

1. Wälze Baumwoll-Watte in weißer Asche aus einer vollständig abgekühlten Feuerstelle und verstaue die Asche-Watte in einer kleinen Dose mit Deckel.

2. Zum Feuermachen ziehst du ein Stück Asche-Watte vorsichtig auseinander, bis es ungefähr so groß ist wie deine Handfläche. Dann rollst du es straff zusammen und formst eine etwa 10 cm breite Wurst.

3. Lege die Feuerwurst auf ein Holzbrett oder einen flachen Stein und stelle einen Fuß (mit Schuh!) darauf. Bewege deinen Fuß mit Druck hin und her. Durch die Reibung auf dem Brett oder Stein entsteht im Inneren der Feuerwurst Hitze, die die Watte entzündet.

4. Nimm die Feuerwurst in die Hand und brich sie vorsichtig auf. Wenn die Reibung stark genug war, müsstest du ein bisschen Glut entdecken – puste vorsichtig hinein. Am besten übst du das ein paar Mal, damit du für den Ernstfall gerüstet bist. Wenn du es schaffst, auf diese Weise in ungefähr einer Minute ein Feuer zu entfachen, bist du ein wahrer Feuerwurst-Meister!

DU BRAUCHST:

- Baumwoll-Watte
- weiße Asche aus der erkalteten Glut
- Blechdose

ZEICHENKOHLE

Zeichenkohle ist schnell selbst gebrannt. Du brauchst nur Äste und eine Blechdose.

1. Suche gerade, etwa 1 cm dicke Äste von der Weide, Pappel, Erle, Hasel, Buche oder Linde. Entrinde sie mit dem Taschenmesser. Belässt du die Rinde beim Brennvorgang am Ast, kratzt die Kohle später über das Papier.

2. Schneide oder säge die Äste auf Dosenlänge zu und lege sie der Länge nach hinein. In den Deckel der geschlossenen Dose stichst du ein kleines Loch – nutze dafür einen Kastanienbohrer oder eine Ahle. In das Loch steckst du einen dünnen Stock.

3. Das Feuerholz ist heruntergebrannt? Dann lege die Dose in die Glut. Nutze dafür einen feuerfesten Handschuh.

DU BRAUCHST:

- gerade Äste (Weide, Pappel, Erle, Hasel, Buche, Linde), Ø ca. 1 cm
- einen dünnen Stock
- Blechdose
- Taschenmesser, Säge oder Gartenschere
- feuerfeste Handschuhe

Für den Stifthalter:

- Holunderast, Ø ca. 2 cm
- Kastanienbohrer

4. Unter Luftausschluss wird das Holz verbrannt: Es entsteht Kohle. Wenn du hin und wieder den Stift aus dem Loch ziehst, erkennst du am weißen Qualm, ob das Holz zu Kohle verbrannt ist. Nach ca. 10 bis 15 Minuten sind die Kohlenstifte malfertig. Je größer die Dose ist und je mehr Stifte du verbrennst, desto länger dauert der Vorgang des Verkohlens.

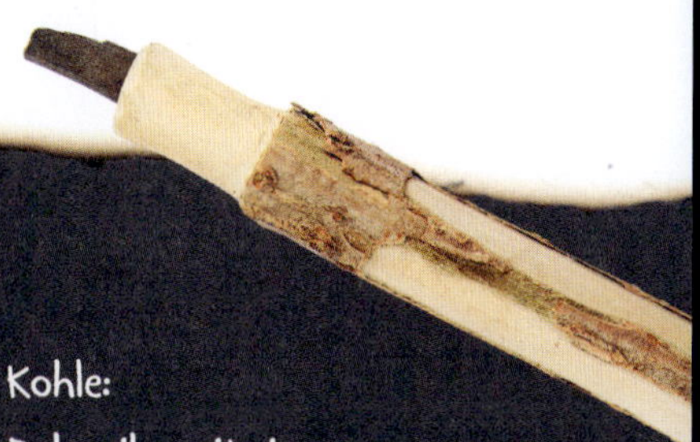

STIFTHALTER AUS HOLUNDER

Aus einem frischen, etwa 2 cm dicken Holunderast fertigst du einen Halter für die Kohle:
In der Mitte des Holzes siehst du den weichen Markkanal. Er sollte 1 cm breit sein. Bohre ihn mit einem dicken Kastanienbohrer frei. Es reicht, wenn du das Loch 5 cm tief bohrst. In dieses Loch steckst du einen deiner Kohlestifte. Zum Schreiben und zum Zeichnen kannst du den Stift mit dem Taschenmesser anspitzen.

PYRAMIDE UND PAGODE

Das Pyramiden- oder Tipifeuer kennst du bestimmt, denn es wird am häufigsten verwendet. Aber hast du auch schon mal ein Pagodenfeuer gesehen? Es wird ganz anders aufgebaut und kann stundenlang brennen – ohne Holz nachzulegen.

FEUERARTEN

Es gibt verschiedene Arten, ein Feuer anzulegen – je nachdem, welchem Zweck es dient. In diesem Kapitel lernst du fünf ganz unterschiedliche Feuerarten kennen. Für alle gilt: Achte auf den Untergrund. Am besten eignen sich Sand, Kies oder Steine. Auf folgenden Untergründen solltest du kein Feuer machen:

1. **Waldboden:** Im Wald ist das Feuermachen verboten – außer an ausgewiesenen Grillplätzen. Selbst auf einer Lichtung könnten harzhaltige Fichtenwurzeln verborgen sein, die das Feuer unterirdisch transportieren – so kommt es dann an ganz anderer Stelle zum Vorschein, manchmal hunderte Meter von der Feuerstelle entfernt.

2. **Moorboden:** In Mooren bildet sich Torf, der unterirdisch brennt!

3. **Gras:** Die Grasnarbe verbrennt durch die Hitze. Du kannst sie aber mit einem Spaten ausstechen und später wieder auf die gelöschte und gereinigte Feuerstelle legen.

4. **Nasse Steine:** Wenn du ein Feuer auf Steinen machst – zum Beispiel am Fluss oder auf Felsen –, achte darauf, dass diese trocken sind. Nasse Steine können bei Hitze platzen.

Pyramidenfeuer: S. 53

Sternfeuer: S. 54

Reflektorfeuer: S. 55

Pagodenfeuer: S. 56

Grubenfeuer: S. 57

SIGNALFEUER

Mit einem Feuer kannst du auch auf dich aufmerksam machen. Mehr dazu auf S. 58.

DAS PASSENDE FEUER

Willst du dich am Feuer wärmen oder brauchst du es zum Kochen? Wie viel Zeit hast du und wie viel Holz hast du gesammelt? Ist es windstill genug für ein offenes Feuer? Hier siehst du, welche Eigenschaften ein Feuer haben kann:

stark wärmend
An einem kalten Abend genau das Richtige.

lange Brenndauer
Notfalls auch als Nachtfeuer geeignet.

versorgt sich selbst
Richtig aufgebaut schiebt sich Brennholz nach.

zum Kochen geeignet
Ein Kochfeuer darf nicht zu groß werden.

für große Feste geeignet
Funktioniert als kleines und als großes Feuer.

geringer Holzverbrauch
Die Rettung, wenn du kaum Brennholz findest.

leicht zu löschen
Wenn du nur wenig Zeit für ein Feuer hast.

unauffällig
Wenn du lieber nicht entdeckt werden willst.

windgeschützt
Wenn es zu windig für ein offenes Feuer ist.

FEUERZAUBER

Mit Bärlappsamen, feinem Sägemehl oder Weizenmehl kannst du am Feuer zaubern! Nimm etwas Mehl oder Samen in die Hand und schließe sie zur Faust. Stelle dich 1 m neben das Feuer und wirf das Material mit viel Wucht in die Flammen. Für einen Moment lodert es feurig auf. Am besten murmelst du dazu einen Zauberspruch – Eindruck machst du damit auf jeden Fall.

PYRAMIDENFEUER

Dieses Feuer wird am häufigsten verwendet. Du kannst es an jeder Feuerstelle entfachen. Es heißt auch Tipifeuer, weil du es aufbaust wie ein Indianerzelt. Es besteht aus drei Schichten.

1. Zuerst schichtest du Zunder aufeinander. Danach lehnst du dünnere Zweige an den Zunder und verhakst sie ineinander. Auf der Windschatten-Seite lässt du ein Zündloch frei.

2. Die dritte Schicht besteht aus dickeren Brennhölzern. Lehne zuerst drei Äste aneinander und lege nach und nach weitere an, sobald das Feuer brennt. Lass etwas Abstand zwischen den Ästen, damit das Feuer genug Luft bekommt.

3. Entzünde das Feuer am Zündloch: Hat der Zunder Feuer gefangen und greift auf die Zweige über, pustest du mit einem Blasrohr in die Glut. So gelingt es dir ganz schnell, das Feuer wachsen zu lassen.

BESONDERHEIT:

Diese Art Feuer eignet sich sowohl als großes Wärmefeuer als auch als Kochfeuer – wenn du es klein aufbaust. Es hat aber einen hohen Holzverbrauch. Durch die aufrechte Schichtung bekommt das Feuer immer ausreichend Sauerstoff.

Bewache das Feuer gut: Es können einzelne brennende Äste seitlich aus der Pyramide herausfallen.

STERNFEUER

Das Sternfeuer kennst du bestimmt aus Westernfilmen. An ihm wärmten sich die Cowboys bei ihren Abenteuern in der amerikanischen Prärie. Es ist auch ein sparsames Kochfeuer.

1. Zuerst machst du ein kleines Pyramidenfeuer aus dünnen Zweigen.

2. Dann schiebst du von außen sternförmig trockene, dicke Äste in das Feuer. Die Spitzen der Äste brennen an und erzeugen eine gleichmäßige Hitze. Du kannst vier bis acht Hölzer nehmen. Je dicker die Äste sind, desto größer wird die Hitze.

3. Sobald ein Ast an der Spitze verbrannt ist, schiebst du ihn einfach nach. Ist ein Stock ganz heruntergebrannt, legst du den nächsten an gleicher Stelle nach.

BESONDERHEIT:

Du brauchst für diese Feuerart nur wenig Holz. Trotzdem brennt es lange. Ein Sternfeuer kannst du an jeder Grillstelle oder in einer großen Feuerschale entfachen. Um es zu löschen, ziehst du zuerst die Brennhölzer aus der Glut.

DU BRAUCHST:

- viele dünne Äste und Zunder
- 4–8 gleichmäßig dicke Äste, etwa 70 cm lang

REFLEKTORFEUER

Dieses Feuer ist besonders gut geeignet, wenn es kalt ist. Durch eine aufgestapelte Holzwand wirkt es wie ein Reflektor – und kann sich zugleich selbst versorgen.

DU BRAUCHST:

- 2 lange, dicke Äste als Halterung, ca. 1 m, Ø 5 cm
- 2 Boden-Hölzer
- 5–6 dicke Äste, 60–70 cm
- viele dünne Äste und Zunder

1. Spitze zwei lange, dicke Äste mit dem Taschenmesser auf einer Seite an und schlage sie mit einem Stein leicht schräg 20 cm tief in den Boden. Der Abstand sollte etwa 50 cm betragen.

2. Lege zwei dicke Hölzer quer an die im Boden steckenden Äste. Aus fünf bis sechs langen, dicken Ästen baust du das Reflektorschild. Dazu legst du den ersten quer auf die Boden-Hölzer und stapelst die anderen darüber. Weil der Reflektor schräg ist, rollen sie nicht herunter.

3. Entfache nun zuerst ein Pyramidenfeuer. Die Glut brennt sich langsam in den ersten, unten liegenden Querast. Nach und nach verbrennen die unteren Äste und fallen ins Feuer. Von oben schiebt sich immer ein Ast nach.

BESONDERHEIT:

Das Feuer wärmt dich, weil die Hitze vom Reflektor auf dich zurückgeworfen wird. Da es sich selbst versorgt, bietet es dir auch nachts Wärme und Licht.

1.

2.

PAGODENFEUER

Das Pagodenfeuer wird nicht gestellt, sondern auf dem Boden oder in der Grillschale geschichtet.

1. Dazu legst du verschieden lange Stöcke aufeinander. Beginne mit zwei Stöcken, die du längs legst. Darauf legst du außen zwei Stöcke quer. So entsteht ein Stock-Quadrat. Nimm nun kürzere Stöcke und schichte sie auf. Nach oben hin werden die geschichteten Quadrate immer kleiner. In die Pagode steckst du trockenes Nachlegeholz.

2. Auf das letzte Quadrat legst du quer mehrere Äste und darauf das Zundernest. Darüber baust du noch zwei kleine Quadrate und steckst leicht entzündlichen Zunder wie trockene Zapfen und Birkenrinde um das Zundernest. Dann entzündest du es. Pagodenfeuer werden nicht unten, sondern oben entfacht. Die Glut fällt nach unten und entzündet weiteres Holz.

DU BRAUCHST:

- viele Äste in unterschiedlicher Länge und Dicke
- viel dünnes Nachlegeholz
- Zundernest, Zapfen, Birkenrinde

BESONDERHEIT: **Dieses Feuer ist sehr langlebig, weil es viel Holz enthält und Schicht für Schicht abbrennt. Die brennenden Holzstücke fallen immer nach unten ins Feuer, nicht zur Seite. Die Pagode ist sehr gut als großes Gruppenfeuer geeignet – es versorgt sich selbst, brennt länger und ist zugleich sicherer als ein großes Pyramidenfeuer. Ein kleiner Pagodenaufbau bietet ein gutes Kochfeuer.**

2.

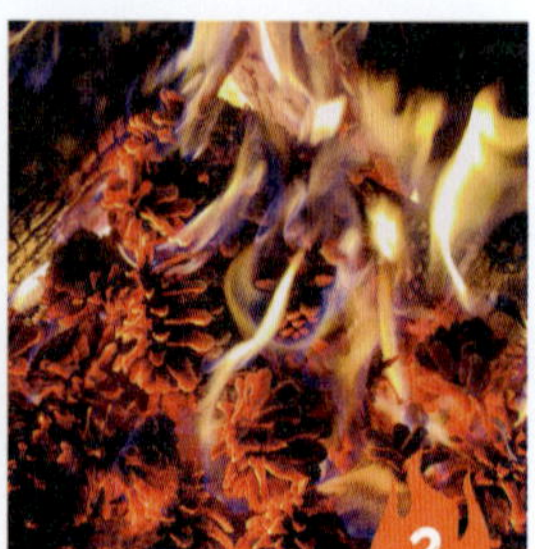

GRUBENFEUER

Du möchtest etwas kochen, aber es ist viel zu windig für ein offenes Feuer? In der Grube brennt das Feuer windgeschützt und ist genau auf deinen Topf ausgerichtet.

1. Für das Grubenfeuer eignet sich am besten ein fester Erdboden. Achte darauf, dass keine Baumwurzeln in der Nähe sind. Hebe mit dem Spaten ein etwa 30 cm tiefes Loch aus, das etwas breiter ist als dein Topf.

2. Dann gräbst du in die Richtung, aus der der Wind kommt, eine kleine Schneise – so wird dein Feuer immer gut angepustet und hat genügend Luftzufuhr. Auf der anderen Seite der Grube gräbst du schräg nach oben eine Rampe und klopfst sie fest. Sie dient als Abzug.

3. Lege Steine in die Grube und entzünde dazwischen ein kleines Pyramidenfeuer.

4. Über dem windgeschützten Feuer kannst du jetzt zum Beispiel einen Astgabelgrill errichten. Oder du stellst deinen Topf direkt auf die heißen Steine.

5. Bevor du die Grube am Ende wieder schließt, vergewissere dich, dass das Feuer tatsächlich gelöscht ist und nicht weiter schwelen kann.

BESONDERHEIT: Dieses Feuer ist sehr hitzeintensiv und brennt lange. Seine Hitze strahlt nach oben. Es ist nicht nur bei Wind ein tolles Kochfeuer, sondern auch dann, wenn du lieber unentdeckt bleiben möchtest.

DU BRAUCHST:

- Zunder, Zweige, kurze Äste
- Spaten
- 2–3 große, trockene Steine oder stabile frische Äste

SIGNALFEUER

Feuer kannst du auch zu deiner eigenen Rettung nutzen. Wenn es bereits dunkel ist, machst du mit hellen Flammen auf dich aufmerksam, tagsüber mit viel Rauch.

Hast du dich zum Beispiel verlaufen oder hat sich jemand in deiner Wandergruppe verletzt und es gibt keinen Handy-Empfang? Dann machst du drei große Feuer, die zusammen ein Dreieck bilden. Die Feuer sollten ungefähr 30 m auseinander liegen. So erkennt die Besatzung eines Rettungshubschraubers auch nachts sofort: Die da unten brauchen Hilfe. Tagsüber werft ihr feuchtes Gras oder frische Blätter in die Glut, das macht richtig Rauch!

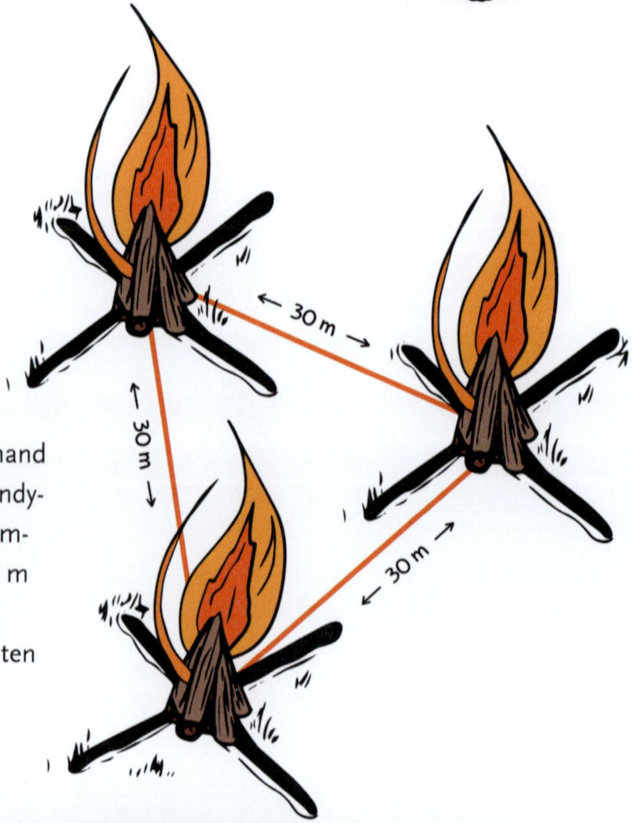

OPTISCHE TELEGRAFIE

Feuer und Rauch dienten schon vor vielen Jahrhunderten als Nachrichtendienst. Warnungen wurden von Dorf zu Dorf über sogenannte Lärmfeuer verbreitet. Der Name hat nichts mit Krach zu tun, sondern leitet sich von Alarm ab. Die Feuer wurden auf Bergspitzen und Türmen errichtet und breiteten sich wie eine Kette aus – so konnte man viel schneller warnen als per Pferd oder Postkutsche. Die Fernverständigung der amerikanischen Ureinwohner war deutlich ausgefeilter: Indem sie in unterschiedlich langen Abständen ein Lederfell über das rauchende Feuer hielten, konnten sie verschiedene Botschaften senden. Das kam der Telegrafie schon sehr nahe. Rauchzeichen gibt es übrigens noch heute: Immer wenn ein neuer Papst ernannt wird, steigt aus dem Schornstein des Vatikans in Rom weißer Rauch auf. Haben die vielen Kardinäle, die den Papst wählen, sich noch nicht entschieden, bleibt der Rauch grau.

RAUCHZEICHEN

Über Rauchzeichen kannst du dich auch mit deinen Freunden verständigen. Zuerst übt ihr die Technik, dann denkt ihr euch geheime Codes aus.

DU BRAUCHST:

- gut brennendes, niedriges Feuer
- nasses Gras, Birkenrinde
- feuchte alte Wolldecke

1. Werft in ein gut brennendes, niedriges Feuer feuchtes Gras. So entsteht viel Rauch. Haltet zusammen eine alte, nasse Wolldecke in einen halben Meter Abstand über das Feuer.

2. In zeitlichen Abständen schlagt ihr die Decke zur Seite, der Rauch wird freigesetzt. Je nachdem, wie schnell ihr die Decke vom rauchenden Feuer hebt, entwickeln sich unterschiedlich große Rauchwolken. War die Decke nur kurz über dem Feuer, entstehen kleine Rauchwolken. Haltet ihr sie länger darüber, sammelt sich der Qualm – die Rauchwolken werden größer.

3. Zusätzlich könnt ihr die Rauchfarbe verändern: Gebt ihr Birkenrinde ins Feuer, verfärbt sich der Qualm dunkel, weil in der Rinde Birkenteer enthalten ist.

PROFI-TIPP:

Wenn ihr euch mit Morsezeichen auskennt, könnt ihr sogar Nachrichten »funken«. Der wichtigste Morsecode ist SOS: dreimal kurz, dreimal lang, dreimal kurz. Oder in Rauchzeichen: dreimal klein, dreimal groß, dreimal klein.

STOCKBROT UND MARSHMALLOWS

Feuer bedeutet Licht und Wärme – aber vor allem Nahrung! Es gibt nichts Besseres, als nach einer langen Wanderung gemeinsam am Feuer zu sitzen und Würstchen über der Glut zu rösten. Oder Stockbrot. Oder klebrig-süße Marshmallows ...

Stockbrot mal anders: Hotdog am Spieß S. 74

KOCHEN, GRILLEN, BACKEN

Stock-Baumkuchen: S. 76

Am Feuer kannst du Eier garen, frisch gefangenen Fisch grillen, Tee kochen und sogar Kuchen backen! Mit einem Taschenmesser und dem richtigen Holz baust du dir im Handumdrehen eine Outdoor-Küche. In diesem Kapitel findest du neben guten Bauanleitungen auch tolle Rezepte für Süßes und Salziges.

1. **Eier garen ohne Topf und Pfanne:** Gekocht, gerührt oder gespiegelt? An der Feuerstelle ist alles möglich.

2. **Hotdog am Spieß:** Stockbrot kennst du bestimmt, aber wie wär's mit einer Würstchen-Füllung?

3. **Schokobanane aus der Glut:** Außen schwarz, aber innen cremig schokoladig!

4. **Stock-Baumkuchen:** Dieser Kuchen wird am Spieß gebacken und hat eine lange Tradition. Aber warum heißt er Baumkuchen?

5. **Popcorn-Angel:** Popcorn ist der Kracher am Feuer. Mit der Angel kannst du zusehen, wie der Mais fluffig aufploppt.

Popcorn-Angel: S. 75

Heißer Nachtisch: S. 73

Spiegelei in Kartoffelpfanne: S. 72

KNOTENKUNDE

Was ist ein Webleinstek? Wie geht der Dreibundknoten? Das erfährst du auf S. 66.

GRILLSPIESS

Zur Ausstattung deiner Outdoor-Küche gehören Spieß und Gabel. Wobei die Gabel ein Spieß ist und der Spieß eine Gabel!

1. Um Marshmallows zu rösten, brauchst du eigentlich nur einen langen Haselast, den du mit dem Taschenmesser anspitzt. Feuer-Profis schnitzen sich aber einen Gabelspieß.

2. Suche dafür nach einem mindestens 1 m langen Birken- oder Erlenast mit einer Astgabel. Die beiden Gabelenden sollten 15 bis 20 cm lang sein. Entrinde die Gabelenden mit dem Taschenmesser und spitze sie an.

3. Jetzt kannst du auch größeres Grillgut so aufspießen, dass es nicht herunterfällt. Probiere das mit Wurst, Grillkäse oder Brot. Auch Marshmallows lassen sich hintereinander aufspießen – davon kann man gar nicht genug kriegen.

DU BRAUCHST:

- Hasel-, Erlen- oder Birkenholz
- Taschenmesser, Säge

Für den Gabelspieß: einen langen Stock mit Astgabel, ca. 1 m; Gabelenden 15–20 cm

Spieß statt Gabel: einen geraden Ast, 15–20 cm, Ø 2,5 cm

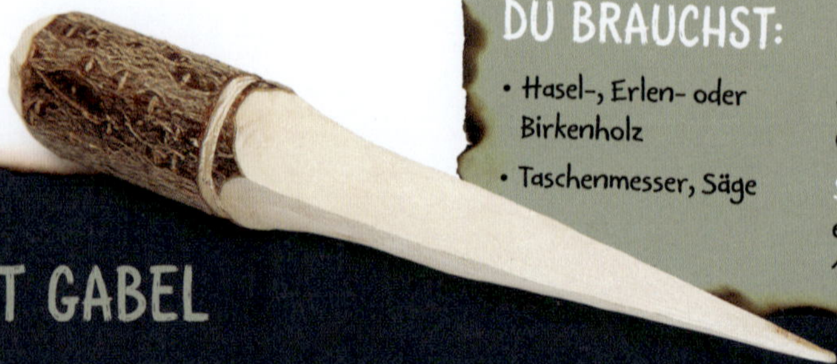

SPIEß STATT GABEL

Eine Gabel wie im Mittelalter ist die perfekte Ergänzung zu deinem Taschenmesser.

1. Säge einen Erlen-, Hasel- oder Birkenast auf 20 cm Länge zu. Halte ihn an dem Ende, das der Griff werden soll, und markiere das Ende des Griffs mit einem Rindenring. Runde

2. Setze das Messer direkt hinter dem Ring an und schnitze den Stock auf vier Seiten flach. Wenn der Ast wie ein kleines Kantholz aussieht, schnitzt du das Stockende spitz. Mit solchen Spießen – auch aus Metall – haben die Menschen vor vielen hundert Jahren gegessen. Gabeln wurden erst viel später erfunden.

GRILLSPIESS-HALTERUNG

Wenn du keine Lust hast, deinen Spieß die ganze Zeit selbst über das Feuer zu halten, baust du dir einen Spießhalter.

1. Als Ablage für deinen Spieß dient eine stabile Astgabel. Die Zinken sollten etwa 10 cm lang sein, der Ast selbst etwa 40 cm. Spitze ihn mit dem Taschenmesser unten an und stecke ihn neben der Feuerstelle fest in die Erde.

2. Nun fehlt noch ein Haken, um den Spieß zu fixieren. Dafür brauchst du einen Ast mit einem schrägen Seitentrieb. Halte ihn so, dass der Trieb nach unten zeigt, und kürze ihn oberhalb des Triebs. Spitze das untere Ende an und kürze den Trieb auf 10 cm Länge.

3. Nun kannst du deinen Spieß auf die Astgabel legen und mit dem Haken feststecken. Je tiefer du den Haken in die Erde drückst, desto höher hängt dein Grillgut über dem Feuer – und umgekehrt. So kannst du die Hitze regulieren. Vergiss nicht, den Spieß regelmäßig zu drehen.

DU BRAUCHST:

- Haselstock, Ø 1–2 cm, ca. 50 cm, im oberen Bereich gegabelt
- Ast mit schrägem Seitentrieb, 30 cm
- Säge, Taschenmesser

VORSICHT VOR VERKOHLTEM ESSEN!

Eben noch gar nicht gar – und plötzlich schwarz wie Kohle! So schnell kann es gehen beim Grillen über Feuerstellen. Deshalb musst du dein Grillgut immer im Auge behalten und regelmäßig drehen. Alles, was nach dem Grillen schwarz ist, solltest du nicht essen! Es enthält schädliche Substanzen, die schlimme Krankheiten verursachen können. Schneide die schwarz verkohlten Teile also unbedingt ab, bevor du dein Grillgut isst.

GRILLROST AM SPIESS

Für diesen Grillhalter brauchst du eine lange, dicke Astgabel aus Hasel. Die Astzinken sollten mindestens 20 cm lang sein.

1. Zusätzlich benötigst du einen etwas dünneren Haselstock als Mittelast. Schnitze diesen an einem Ende auf einer Seite flach. Diese flach geschnitzte Seite legst du auf die Gabelung.

2. Flechte nun aus frischen, dünnen Weidenzweigen den Grillrost. Weide ist von Natur aus sehr biegsam. Wenn du sie einmal durch deine Hände bewegst und vorsichtig jeden Abschnitt der Weide biegst, wird sie noch geschmeidiger.

DU BRAUCHST:

- Haselstock mit Gabelung, mind. 1 m, Zinken 20 cm
- Ast, 30 cm, Ø 1 cm
- viele Weidenzweige, max. Ø 0,5 cm
- Taschenmesser

3. Halte den Mittelast an der Gabelung fest und führe mit der anderen Hand von unten den ersten Weidenzweig über den linken Zinken. Biege ihn um den Zinken herum, schiebe ihn über den Mittelast und unter den rechten Zinken. Wickele ihn um den Zinken und führe ihn unter dem Mittelast hindurch über den linken Zinken. So fährst du fort, bis der Zweig sein Ende erreicht. Setze den nächsten Zweig 1 cm darunter an. Wenn du ans Ende der Astgabel stößt, wickele überstehende Zweige um die Zinken oder kürze sie mit dem Taschenmesser.

4. Statt durchgehend zu flechten, kannst du auch einzelne Zweigstücke einschieben. Wichtig ist, dass die Zweige immer unter Spannung stehen. Das erfordert etwas handwerkliches Geschick. Und, meinst du, du kannst den Grillkäse dem selbst geflochtenen Rost anvertrauen? Probiere es aus.

STANDGRILL

Du hättest lieber einen richtigen Grill? Kein Problem! Nutze einen alten Metallrost – oder schnitze den Grill komplett aus Ästen.

1. Säge oder schnitze die vier Haselstöcke so zu, dass sich die Gabelungen auf gleicher Höhe befinden, jeweils etwa 10 cm vom oberen Rand entfernt. Kürze die Seitentriebe auf etwa 5 cm Länge und spitze die unteren Enden der Stöcke auf ca. 10 cm Länge an.

2. Wenn du einen Metallrost nutzt, lege ihn auf den Boden und markiere die Eckpunkte für die Astgabeln. Ist dein Grillrost rund, brauchst du nur drei Astgabelhalterungen. Klopfe die Stöcke vorsichtig mit einem Stein oder dicken Stock in den Boden, bis sie festsitzen und alle Gabeln die gleiche Höhe haben. Die kürzeren Astzinken zeigen nach innen.

3. Hänge den Metallrost ein. Fertig ist Grillvariante Nr. 1! Hast du keinen Metallrost dabei, kannst du einen Grill aus Ästen »schmieden«. Schlage die bearbeiteten Astgabeln so in den Boden, dass sie etwa 40 cm Abstand im Quadrat haben. Dann bearbeitest du die beiden dickeren Äste für die Querstangen: Schnitze alle 1,5 cm eine rund 0,5 cm tiefe Kerbe. Lege die Äste mit den Kerben nach oben in je zwei Astgabeln. Längs dazu legst du dünnere, frische Äste genau in die Kerben – so können sie nicht wegrollen.

4. Entzünde unter dem Grill das Feuer. Am besten eignet sich ein kleines Pyramidenfeuer oder ein Sternfeuer.

DU BRAUCHST:

- 4 Haselstöcke, gegabelt oder mit Seitentrieben, ca. 40 cm, Ø 2 cm
- Säge, Taschenmesser
- Grillrost aus Metall

oder statt Metallrost:

- 2 gerade Haseläste, ca. 50 cm, Ø 2–3 cm
- gerade, frische Äste, ca. 50 cm, Ø 0,5–1 cm

DREIBEIN-GESTELL

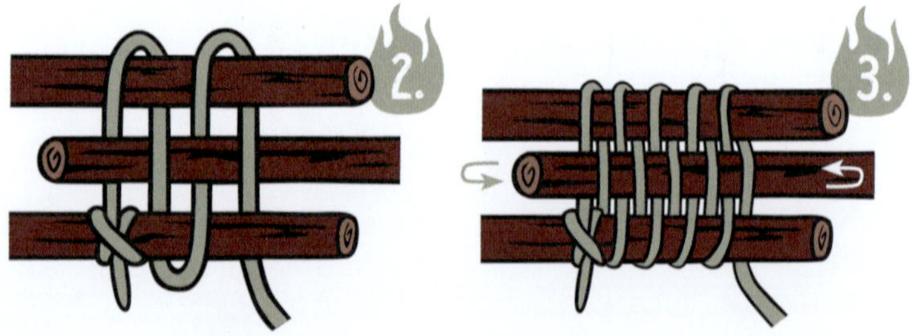

Dieses stabile Grillgestell haben schon die Ureinwohner Amerikas gebaut. Du stellst es direkt über die Feuerstelle und hängst in die Mitte einen Topf.

1. Du brauchst drei sehr lange, gerade Äste und ein langes Seil. Lege die Äste nebeneinander und säge sie auf gleiche Länge zu. Du kannst sie direkt mit einem Dreibundknoten verbinden, aber noch straffer ziehen sich die Äste zusammen, wenn du den mittleren Ast zunächst nach rechts herausschiebst und später umdrehst.

2. Befestige das Seil mit einem Webleinstek an einem der äußeren Äste. Lege es unter den mittleren Ast, schlage es über den dritten Ast, dann wieder von unten über den mittleren Ast. Fahre so fort: Führe das Seil immer abwechselnd über und unter den Folgeast. Je nach Dicke des Seils webst du fünf bis sieben Runden.

DU BRAUCHST:

- 3 lange, gerade Haseläste, 150 cm, Ø 3–4 cm
- Seil, etwa 150 cm (z. B. Natur-Wäscheleine)
- Taschenmesser, Säge

Für einen Flaschenzug:

- Karabinerhaken
- weiteres Seil, ca. 1 m

WEBLEINSTEK

Mit diesem Knoten befestigst du eine Schnur an einem Ast. Er ist leicht zu lösen.

1. Schlage das Schnurende von vorn nach hinten über den Ast und überkreuze es auf der Vorderseite. Dann legst du es hintenherum erneut um den Ast.

2. Schiebe es vorn unter (!) das umgeschlagene Schnurstück und ziehe den Knoten an beiden Schnurenden fest – fertig ist der Webleinstek.

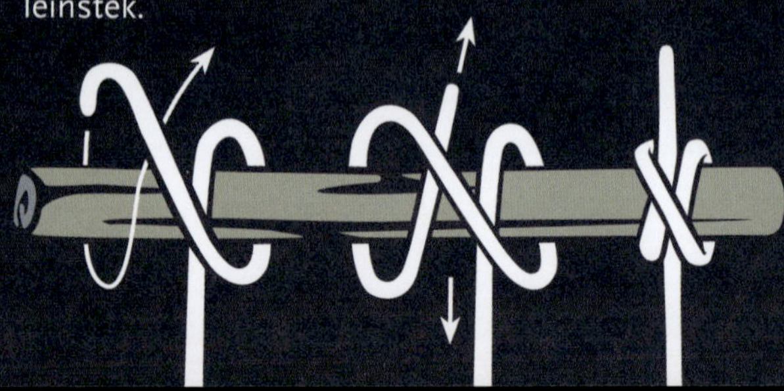

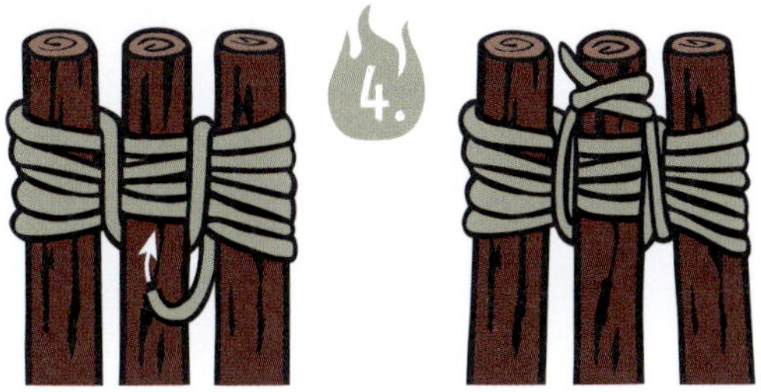

3. Klappe den mittleren, herausgezogenen Ast nach links um. Dabei zieht sich das Seil fest.

4. Nun schlägst du das Seil noch jeweils zweimal zwischen den Ästen um die Verbindung und schließt mit einem Webleinstek am oberen Ende von einem der äußeren Haseläste ab. Schneide das Seil aber noch nicht ab.

5. Stelle dein Dreibein aufrecht hin und ziehe zuerst das mittlere Bein heraus. Dann drückst du die anderen Beine jeweils nach außen. Justiere noch etwas nach, bis dein Gestell sicher steht.

6. Nun wickelst du das Seilende noch einmal um die Verbindung und lässt es in der Mitte herunterhängen. Daran kannst du einen feuerfesten Henkeltopf befestigen. Wenn du die Topfhöhe verändern möchtest, baust du einen Flaschenzug ein.

7. Für den Flaschenzug benötigst du lediglich einen Karabinerhaken und ein zweites Seilstück. Den Karabiner befestigst du direkt an der Dreibeinverbindung. Führe das zweite Seil durch den Karabiner, binde ein Ende an deinen Topf und ziehe ihn auf die richtige Höhe. Verknote das andere Seilende mit einem Webleinstek an einem der Beine. Soll der Topf tiefer hängen, löst du den Knoten, gibst Seil nach und ziehst den Knoten wieder fest.

DREIBEIN-KRAN

Mit diesem Kran kannst du die Höhe deines Topfs einstellen und ihn sogar zur Seite schwenken – als guter Kranführer brennt dir nichts an!

DU BRAUCHST:

- einen langen Haselast, 150 cm, Ø 4 cm
- 3 gerade Haseläste, 50 cm, Ø 2–3 cm
- Ast mit schrägem Seitentrieb, 30 cm
- Ast mit mindestens zwei Trieben, 50 cm
- Seil, ca. 60 cm
- Taschenmesser, Säge
- einen feuerfesten Topf mit Henkel

1. Zuerst baust du ein kleines Dreibein-Gestell, wie auf S. 66 beschrieben. Du stellst es aber nicht über die Feuerstelle, sondern etwa 50 cm daneben an den Rand. Es bildet den Sockel für den Kranarm, einen etwa 1,5 m langen Ast. Verknote die Stöcke des Dreibeins im oberen Drittel, sodass etwa 15 cm herausragen.

2. Um den Kranarm zu fixieren, brauchst du Bodenhaken. Bearbeite zunächst den längeren Ast mit Seitentrieben in unterschiedlicher Höhe. Drehe ihn so, dass die Triebe nach unten zeigen. Säge ihn oberhalb des ersten Triebs ab und spitze ihn unten an. Kürze die Triebe auf 10 cm Länge.

3. Lege den Kranarm so in die Dreibein-Halterung, dass das längere Ende genau über die Feuerstelle ragt. Dort, wo der kürzere Teil endet, schlägst du den Haken mit einem dicken Ast in den Boden. Schiebe das Ende des Kranarms unter einen der Seitentriebe.

4. Nun bearbeitest du den kürzeren Ast mit nur einem Seitentrieb genauso wie den ersten und verankerst ihn etwa 40 cm daneben. Löse den Kranarm aus der Halterung, schwenke ihn von der Feuerstelle weg und schiebe ihn unter den Seitentrieb des zweiten Hakens.

5. Der Kranarm befindet sich nun neben der Feuerstelle. Hänge einen mit Wasser gefüllten Topf daran und entfache das Feuer. Sobald es Glut entwickelt, schwenkst du den Kranarm mit dem Topf über die Feuerstelle.

6. Soll das Wasser schnell kochen, schiebst du den Kranarm unter den oberen Seitentrieb – so befindet sich der Topf nah an der Glut (A). Brauchst du weniger Hitze, hakst du den Kranarm am unteren Trieb ein – der Topf hängt höher (B).

GESTECKTES DREIBEIN

Für dieses Dreibein brauchst du kein Seil, aber etwas Geschick – und passende Äste.

1. Sieh dich im Wald um – entdeckst du auf dem Boden drei lange Äste, an deren Spitzen krumme Seitentriebe wachsen? Solche Äste kannst du miteinander verhaken.

2. Säge die Äste auf die gleiche Länge zu und kürze die Seitentriebe auf 20 bis 30 cm Länge.

3. Jetzt wird es knifflig: Schiebe die drei Stöcke so ineinander, dass sie ohne Stütze oder Seil halten. Probiere aus, wie sie sich am besten zusammenfügen lassen. Hält dein Grillgestell? Rüttele daran – wenn es stehen bleibt, hast du alles richtig gemacht.

4. Darunter kannst du nun ein kleines Feuer machen. Als Topfhalterung kannst du zum Beispiel einen Drahtbügel-Halter benutzen (s. S. 71).

HAKENSPIESS

Schau dich um: Findest du einen Ast, an dem zwei Seitentriebe in unterschiedlicher Höhe in verschiedene Richtungen wachsen?

1. Schnitze daraus einen Hakenspieß: Drehe den Ast so, dass der obere Seitentrieb schräg nach unten zeigt. Säge den Ast direkt über dem Seitentrieb ab (A) und kürze den Trieb auf 10 bis 15 cm Länge (B). Dieser Trieb bildet den Haken, mit dem du den Grillspieß an die Querstange deines Astgabelgrills hängst oder in das Dreibein steckst.

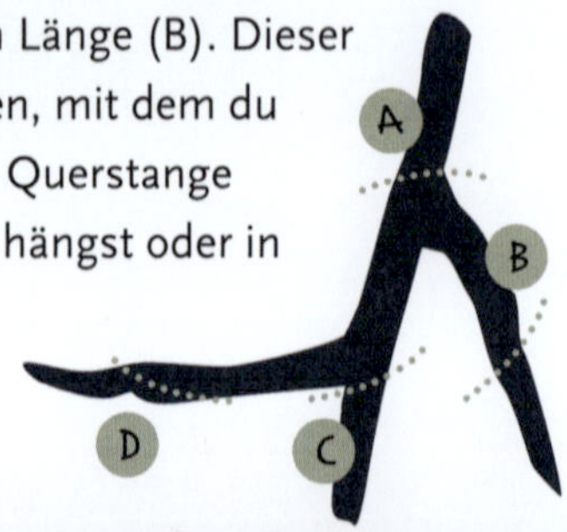

2. Der untere Trieb wird der Spieß für dein Grillgut. Säge auch hier den Ast unterhalb des Triebs ab (C). Entrinde den Trieb (pass auf, dass er nicht abbricht!) und spitze ihn an (D). Auf den Spieß kannst du nun ein Würstchen schieben. Gleichzeitig kannst du an einem weiteren, kürzeren Hakenspieß ein Brötchen rösten.

DU BRAUCHST:

- 1–2 Äste mit Seitentrieben, die sich auf unterschiedlichen Höhen gegenüberstehen
- Taschenmesser

ASTGABELGRILL

Ein Klassiker am Lagerfeuer, denn er ist schnell angefertigt: Diesen Grill baust du ähnlich wie den Grillspießhalter auf S. 63.

1. Du brauchst dafür nur zwei stabile Astgabeln auf gleicher Höhe und eine Querstange. Damit die Stange ausreichend Abstand zum Feuer hat, sollten die Halterungsäste unterhalb der Gabelung mindestens 50 cm lang sein.

2. Spitze sie an und klopfe sie mit etwas Abstand zur Feuerstelle auf beiden Seiten fest in den Boden. Die Querstange bildet ein gerader Haselstock, der mindestens 2 bis 3 cm dick ist und auf beiden Seiten 10 bis 20 cm übersteht.

3. An die Stange kannst du zum Beispiel einen Henkeltopf, einen Hakenspieß oder einen Drahtbügel-Halter hängen.

DRAHTBÜGEL-HALTER

DU BRAUCHST:

- Kleiderbügel aus Draht
- Kneifzange
- Kombizange
- Arbeitshandschuhe

Hängt in deinem Kleiderschrank ein alter Kleiderbügel aus Draht? Super! Daraus bastelst du einen Grillhalter.

1. Ziehe Arbeitshandschuhe an, damit du dich nicht an den Metallspitzen pikst. Du benötigst eine Kneifzange zum Durchtrennen des Drahts und eine Kombizange zum Biegen.

2. Zuerst knipst du mit der Kneifzange an zwei Stellen den Haken ab, sodass der Bügel oben offen ist. Biege das Metall möglichst gerade. Das klappt ganz gut mit der Hand.

3. Mit der Kombizange biegst du den Draht alle 3 bis 4 cm im rechten Winkel – abwechselnd zweimal nach rechts und zweimal nach links. So entstehen viele kleine Einschübe. Das Ende formst du zu einem Haken.

4. Diesen Halter kannst du am Astgabelgrill an den Einschüben auf unterschiedlichen Höhen über der Glut »einrasten«. An den Haken hängst du einen kleinen Henkeltopf oder eine offene Konservendose, in die du ein Loch gebohrt hast. Fülle zum Beispiel Wasser hinein, um dir einen Tee zu kochen. Der Topf darf allerdings nicht zu schwer sein.

5. Du kannst auch auch eine Grillwurst aufspießen. Dafür biegst du das Ende nicht zum Haken um, sondern gerade, sodass die Wurst in voller Länge über der Glut brutzelt. Denke aber daran, dass du sie auf dem Draht drehen musst.

STEIN-SPIEGELEI

Magst du dein Ei lieber gekocht oder als Spiegelei? Am Feuer kannst du beides zubereiten – sogar ohne Topf und Pfanne!

1. Ein großer, flacher Stein wird deine Pfanne: Lege ihn an den Rand der Feuerglut und warte, bis er heiß ist. Wichtig: Der Stein muss trocken sein – nasse Steine können im Feuer platzen. Am besten eignen sich Granit- und Basaltsteine.

2. Als Pfannenrand nutzt du eine Scheibe Graubrot. Höhle sie aus und lege die Kruste auf den Stein. Jetzt schlägst du das Ei in diese Brotpfanne. Mit Stöcken kannst du den Stein drehen, so wird die Hitze gleichmäßig verteilt. Wenn das Ei gar ist, ziehst du den Stein aus der Glut und lässt ihn etwas abkühlen. Nun kannst du dein Spiegelei direkt vom Stein essen.

TIPP: **Auch eine Kartoffel eignet sich als Pfanne. Sie sollte mindestens so groß sein wie deine Hand. Schneide ein Drittel ab und höhle sie mit einem Teelöffel aus. Lass an der Schale etwa 1 cm übrig. Schlag das Ei in die Kartoffel und stelle sie mit einer Grillzange in die Glut. Willst du die Kartoffel mitessen, legst du sie auf Alufolie.**

DU BRAUCHST:

Ei, einen feuerfesten Handschuh

Für die Steinpfanne:
einen flachen Stein (trocken!), Scheibe Brot, 2 Stöcke

Für die Kartoffelpfanne:
eine große Kartoffel, Taschenmesser, Teelöffel, Grillzange

WASSERKOCHER UND WÄRMFLASCHE

Mit Steinen kannst du auch Teewasser kochen. Lege einen Stein etwa 5 Minuten in die Glut. Dann holst du ihn mit einem feuerfesten Handschuh heraus, streifst die Asche ab und legst ihn in den Wassertopf. Und – zischt es? Nach kurzer Zeit hat der Stein das Wasser erwärmt. Hebe ihn mit zwei Stöcken heraus. Nun kannst du zum Beispiel frische Fichtennadeln im Wasser ziehen lassen. Und falls dir im Schlafsack kalt wird: In ein Handtuch gewickelt wirkt ein heißer Stein wie eine Wärmflasche.

RÜHREI IM ASCHENROCK

Das Ei gart in seiner Schale – ganz ohne Kochwasser. Damit es nicht platzt, stichst du ein Loch hinein und rührst ständig um.

1. Zunächst entrindest du einen dünnen, frischen Ast. Dann hältst du das Ei so, dass die dickere Seite nach unten zeigt, und stichst vorsichtig mit der Spitze deines Taschenmessers oben in die Mitte ein kleines Loch.

2. Mit einem feuerfesten Handschuh stellst du das Ei aufrecht in die Asche NEBEN der Glut. Stecke den Ast in das Ei und rühre regelmäßig um. Es dauert etwa 10 Minuten, bis das Ei hart gegart ist. Nimmst du es eher vom Feuer, brauchst du zum Essen einen Löffel.

HEIßER NACHTISCH

Schoko-Bananenboote aus der Glut

1. Schlitze die Bananenschalen der Länge nach auf. Brich kleine Stücke von einer Tafel Schokolade und stecke sie in die Schlitze. Lege die Bananen an den Glutrand.

2. Sobald die Schokolade geschmolzen ist, ziehst du die außen verkohlten Früchte mit der Grillzange aus der Glut. Schnapp dir einen Löffel und verschmause schmatzend dein Dessert. Aber Achtung: heiß!

HOTDOG AM SPIESS

Bestimmt hast du schon mal am Lagerfeuer Stockbrot gebacken, oder? Noch besser ist ein Hotdog am Spieß!

1. Setze zuerst den Brotteig an: Vermische alle trockenen Zutaten – also Mehl, Trockenhefe, Salz und Zucker – in einer Schüssel. Gib das Öl und warmes Wasser hinzu und verknete alles mit den Händen, bis ein glatter Teig entsteht. Ist er zu feucht, knetest du noch etwas Mehl unter. Decke den Teig mit einem Tuch zu und lass ihn 30 Minuten ruhen. Dann knetest du ihn noch einmal gut durch, teilst ihn in acht bis zehn Portionen und formst daraus Teigkugeln.

DU BRAUCHST:

- Haselstock als Grillspieß
- Taschenmesser
- Bockwürstchen

FÜR DEN TEIG:

- 400 g Mehl
- 1 Päckchen Trockenhefe
- je 1 TL Salz und Zucker
- 3 EL Sonnenblumenöl
- 200 ml warmes Wasser

2. Bereite deinen Spieß vor: Entrinde ihn an einem Ende und spitze ihn mit dem Taschenmesser an. Schiebe das Würstchen der Länge nach auf den Spieß. Je dünner du die Spitze geschnitzt hast, desto leichter lässt es sich aufschieben, ohne zu reißen oder zu brechen.

3. Forme aus einer Teigkugel einen dünnen Streifen – am besten rollst du den Teig zwischen deinen Händen. Ist er noch zu klebrig, streust du etwas Mehl in die Handflächen. Wickle den Teigstreifen diagonal von oben nach unten um die Wurst. Am Ende leicht festdrücken.

4. Halte dein Hotdog über die Glut oder baue dir einen Grillspieß-Halter (s. S. 63). Es dauert etwa 15 bis 20 Minuten, bis das Brot durchgebacken ist. Drehe den Spieß regelmäßig und pass auf, dass keine Seite anbrennt.

POPCORN-ANGEL

Das wird knallen, ganz sicher! Mit der Popcorn-Angel kannst du zusehen, wie der Mais aufploppt.

1. Du brauchst zwei Küchensiebe aus Metall. In das erste füllst du eine Tasse Maiskörner. Lege das zweite Sieb wie einen Deckel auf das erste und verbinde beide mit Blumendraht. Um das Doppelsieb übers Feuer zu halten, befestigst du einen langen Haselstock an den Griffen. Nutze auch hierfür Blumendraht. Fertig ist die Popcorn-Angel!

2. Halte sie über die Glut. Schon nach kurzer Zeit knallt das Popcorn vor deinen Augen. Wenn alle Maiskörner aufgesprungen sind, nimmst du die Angel von der Feuerstelle und lässt sie gut abkühlen. Dann löst du den Draht.

3. Streue etwas braunen Zucker über den aufgeploppten Mais. Jetzt ist Kino-Stimmung angesagt: Setz dich auf einen Baumstamm, schau in die Natur und genieße dein Outdoor-Popcorn.

DU BRAUCHST:

- Blumendraht, Kneifzange
- 2 große Siebe aus reinem Metall
- einen langen Haselast, ca. 1,5 m
- feuerfeste Handschuhe
- Maiskörner
- braunen Zucker

Oder statt der Siebe:

- Feuertopf aus Gusseisen oder Emaille/Topf mit Metallgriff und -deckel
- Sonnenblumenöl

POPCORN IM FEUERTOPF

Natürlich kannst du Popcorn auch im Topf machen. Am besten eignet sich ein richtiger Feuertopf mit Deckel. Du brauchst auf jeden Fall feuerfeste Handschuhe, denn Topf und Deckel werden sehr heiß! Gib etwas Sonnenblumenöl in den Topf und bedecke den Boden mit Maiskörnern. Deckel drauf und ab in die Glut! Nach einiger Zeit fängt es gewaltig an zu krachen. Wenn das Ploppen nur noch selten ertönt, ziehst du den Topf aus der Glut. Hebe vorsichtig den Deckel und streue braunen Zucker über dein Popcorn. Fertig!

STOCK-BAUMKUCHEN

Baumkuchen gibt es oft zur Weihnachtszeit, aber eigentlich hat er mit Weihnachten gar nichts zu tun. Das Besondere an ihm ist, dass er aus einzelnen Teigschichten besteht. Aufgeschnitten sieht er aus wie eine Baumscheibe mit Jahresringen.

1. Ursprünglich wurde Baumkuchen ähnlich wie Stockbrot am Spieß über offener Flamme gebacken – also genau das Richtige für deine Feuerstelle! Als Spieß nutzt du einen langen, etwa 3 cm dicken Haselstock. Er sollte deutlich länger sein als deine Feuerstelle breit ist.

2. Entrinde den Mittelteil des Stocks – etwa 50 cm breit. Dafür legst du die Klinge möglichst flach auf den Ast. Schiebe sie unter die Rinde und ziehe den Schnitzarm zur Seite weg. Halte dabei eine Armlänge Abstand zu deinen Freunden. Entferne abstehende Holzsplitter.

3. Suche zwei Astgabeln als Halterung für deinen Spieß. Findest du Gabeln mit Seitentrieben auf gleicher Höhe, kannst du einen Stufengrill bauen: Die ersten Schichten backst du auf niedriger Stufe (pass aber auf, dass sie nicht ankokeln!), die letzten weiter oben. Sobald du die Astgabeln im Boden verankert hast, bereitest du den Teig zu.

DU BRAUCHST:

- Haselstock, mind. 1 m, Ø 3 cm
- 2 Astgabeln aus Hasel, evtl. mit Seitenzweigen
- Taschenmesser, Säge
- Schneebesen/Rührgerät
- Backpinsel, Flüssighonig

FÜR DEN TEIG:

- 2–3 Eier (je nach Größe)
- 4 EL braunen Zucker
- 180 g Mehl
- 1 TL Backpulver
- 1 Messerspitze Salz
- 150 ml Milch
- Sprudelwasser

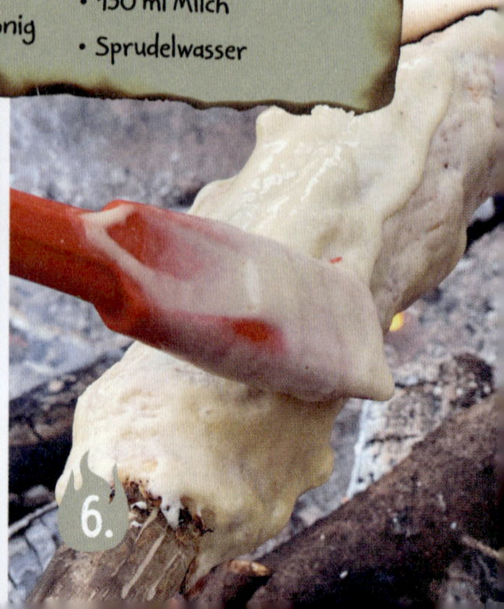

4. Schlage zwei bis drei Eier in eine Schüssel und rühre sie mit 4 EL braunem Zucker schaumig. Rühre 180 g Mehl, 1 TL Backpulver und eine Messerspitze Salz unter und füge abwechselnd Milch und etwas Sprudelwasser hinzu.

5. Der Teig muss dickflüssig sein, damit er nicht in die Glut tropft. Wenn er zu dünn ist, rührst du noch etwas Mehl unter. Ist er zu dick, fügst du etwas mehr Sprudelwasser hinzu.

6. Lege den Haselstock in die Halterung und streiche mit dem Backpinsel rundherum Teig auf die rindenfreie Stelle. Dabei drehst du den Stock. So kannst du den Teig besser verteilen und er wird gleichmäßig über der Glut gegart. Sobald der Teig rundherum leicht angebacken ist, trägst du die nächste Schicht auf.

7. Nach vier Lagen Teig pinselst du etwas Honig über die angebackene Teigschicht. Wenn der Teig zu schnell dunkel wird, versetzt du den Spieß auf die nächsthöhere Stufe.

8. Nach etwa 30 aufgetragenen Schichten nimmst du den Spieß vom Feuer und lässt den Kuchen erkalten. Säge den Stock neben dem Kuchen ab und ziehe diesen vorsichtig vom Holz. Schneide ihn in Scheiben und zähle seine Ringe. Guten Appetit!

ABENTEUER-MUFFIN

Schneide eine Orange in der Mitte durch und löse das Fruchtfleisch mit einem Löffel heraus – fertig ist die perfekte Backform für die Feuerstelle! Fülle die Schalen jeweils zur Hälfte mit Baumkuchenteig. Mit einer Grillzange stellst du sie vorsichtig an den Rand der Glut. Drehe sie regelmäßig, damit sie von allen Seiten genug Hitze bekommen. Lass dir dabei von einem Erwachsenen helfen. Die Schalen werden in der Glut komplett schwarz, aber der Teig wird normal gebacken – und bekommt ein tolles Orangenaroma. Nach 10 bis 15 Minuten sind die Muffins fertig. Lass sie abkühlen und löffle sie aus.

DIE AUTORIN:

Wäre ich neben meinem Job als Pressesprecherin nicht auch Naturpädagogin geworden, hätte ich wegen des vielen Arbeitens all das Schöne in der Natur nicht wiederentdeckt. Denn als Kind war ich Teil der Natur. Ich durfte wild sein, Feuer machen und mit dem Taschenmesser schnitzen. Ich habe im Yps-Zelt geschlafen und bin für meine Oma auf Nachbars Bäume geklettert, um riesige Birnen zu stibitzen. Jetzt bin ich wieder »Naturkind« und sage daher tausend Dank allen großen und kleinen Freund*innen, die mit mir draußen unterwegs sind, mit mir schnitzen, barfuß durch Bäche laufen, Feuer machen und Kanu fahren. Ich bedanke mich ganz besonders bei Emilia, Joris und Mona, die mir bei den Feuerfotos fleißig als Models zur Seite standen, sowie bei Petra für die vielen Wunsch-Feuer und bei Friederike für ihre coole Back-Idee. Vielen Dank zudem an Stefanie Knorpp, Forstrevierleiterin im Naturpark Schönbuch, für ihre Zeit und das nette Interview an der Feuerstelle und auch an Matthias Häußler, Feuerwehr-Kommandant der Freiwilligen Feuerwehr Kornwestheim, der sehr hilfreich über die Lösch-Seiten geschaut hat.

Sachbuch mit Feuerstahl-Set (Teile-Nr. 725033: Feuerstahl mit Holzgriff, Eisenplättchen an schwarzer Kordel.) ACHTUNG: Mit dem Eisenplättchen können heiße Funken erzeugt werden. Dieser Artikel ist kein Spielzeug! Nur unter der direkten Aufsicht von Erwachsenen verwenden! Feuergefahr! Nicht geeignet für Kinder unter 8 Jahren.

Haftungsausschluss: Alle Angaben in diesem Buch erfolgen nach bestem Wissen und Gewissen. Sorgfalt bei der Umsetzung ist indes dennoch geboten. Der Verlag und die Autorin übernehmen keinerlei Haftung für Personen-, Sach- oder Vermögensschäden, die aus der Anwendung der vorgestellten Materialien und Methoden entstehen können.

Umschlaggestaltung: Nakischa Scheibe, Stuttgart, unter Verwendung eines Fotos von Andreas Jakwerth (Vorderseite) und drei Fotos von Michael Ruder, Lichtpunkt, Stuttgart (Rückseite).

Fotografie: Michael Ruder, Lichtpunkt, Stuttgart.

Weitere Fotos von: Astrid Schulte (S. 8 Porträt Knorpp, S. 9 Grillpilz, S. 21 (Anwendung Feuerstahl, 1–3), S. 56 Feuer von oben + Zapfen, S. 61 + 72 Kartoffel-Ei, S. 76 Teigschicht + Pinsel, S. 77 Muffin, S. 78); Heidi Velten (S. 49 offene Dose); Kristijan Matic (S. 62 Mittelalterspieß) **shutterstock.com:** Nattapol_Sritongcom (Brandrand); Mark Carrel (Brandrahmen, Infozettel); S. 4 Soloviova Liudmyla; S. 5 (Illustration) Ivan_Nikulin; S. 6 MNStudio, S. 8 (Waldbrand) ivandan; S. 9 (Warnschild) Maximin Stock; S. 9 (Grillplatz) Maleo; S. 11 Anna Sedneva; S. 13 panyajampatong; S. 14 New Africa; S. 16, 34 (Rohrkolben), 45 (Asche) xpixel; S. 16/17 Quang Ho; S. 18 Galashevsky Yakow; S. 19 (Lupe) WR7; S. 20 (Feuerzeug) Lec Neo; S. 22 (Illustration) Alexander_P; S. 28 (Feuerschlagen) Daumantas Liekis; S. 29 (Illustration) Drp8; S. 29 (Brennglas) koodesnica71; S. 30 Guillaume Hullin; S. 31, 36 (Zunderschwamm), 37 (Chaga) krolya25; S. 33 (Späne) Picsfive; S. 34 (Birkenrinde) SeDmi; S. 34 (Pappelwatte) DELBO ANDREA; S. 37 (Kugelpilz) callumrc; S. 38 (Harztropfen) EugenePut; S. 38 (Königskerze) Robert Adami; S. 44 Sergio J Lievano; S. 50 Kris Black; S. 12, 51, 53, 54, 55, 56, 57, 58, 59, 69, 79 (Feuer-Illustrationen) Sasha Matbon; S. 55 (Reflektorfeuer) bJonas Sjoblom; S. 60 Elena Shashkina; S. 63 BOKEH STOCK

Unser gesamtes lieferbares Programm und viele weitere Informationen zu unseren Büchern, Spielen, Experimentierkästen, Autor*innen und Aktivitäten findest du unter **kosmos.de**

Gedruckt auf chlorfrei gebleichtem Papier

MIX
Papier aus verantwortungsvollen Quellen
FSC www.fsc.org FSC® C020056

ISBN: 978-3-440-17163-9
Projektleitung: Teresa Baethmann
Textredaktion, Gestaltung & Satz: Andrea Köhrsen
Produktion: Verena Schmynec
Druck und Bindung: Leo Paper
Printed in China / Imprimé en Chine

FEUER-DIPLOM

- ☐ Ich kenne alle 10 Feuerregeln auswendig und kann sie anwenden.
- ☐ Ich weiß, welche »Zutaten« ein Feuer braucht, und kenne seine Gefahren.
- ☐ Ich weiß, wo das Feuermachen erlaubt ist und wo nicht und wann ich kein Feuer machen sollte.
- ☐ Ich habe bereits erfolgreich ein Feuer gelöscht und weiß, wie ich die Feuerstelle hinterlassen muss.
- ☐ Ich weiß, wie ich die Windrichtung herausfinde, und habe schon etwas Erfahrung als Feuerwächter*in.
- ☐ Ich weiß, wo ich in der Natur den besten Zunder finde, und kenne mindestens vier verschiedene Anzündhilfen.
- ☐ Ich habe es geschafft, mit dem Feuerstahl Feuer zu machen.
- ☐ Ich habe mindestens 3 verschiedene Feuerarten entfacht.
- ☐ Ich kann einen Astgabelgrill und ein Dreibein-Gestell bauen.

Feuerwächter*in

....

Name

hat alle Anforderungen erfüllt. Herzlichen Glückwunsch zum Feuer-Diplom!

....

Ort, Datum — Unterschrift des erwachsenen Feuerbegleiters